Beatrix Jeßberger

Ebenbild Gottes – wie werde ich, was ich bin?

Die Schöpfungsgeschichte als spiritueller Reifungsprozess

Erev-Rav-Hefte
Biblische Erkundungen Nr. 7

Bibliographische Information der Deutschen Bibliothek

Jeßberger, Beatrix:
Ebenbild Gottes – wie werde ich, was ich bin? Die Schöpfungsgeschichte als spiritueller Reifungsprozess / Beatrix Jeßberger. – Wittingen : Erev-Rav, 2007
(Biblische Erkundungen 7)
ISBN 978-3-932810-36-7

Umschlagbild: Candace Carter

Druck: Druckerei Carstens, 29640 Schneverdingen

Weitere Informationen unter: www.erev-rav.de
Bestellung: erev-rav@t-online.de

Inhaltsverzeichnis

Zum Geleit 5

Vorwort 7

1 Am Anfang ... 9
Schöpfungszeit ist Körperzeit 9
Am Anfang schuf Gott Himmel und Erde 12

2 Der Tag eins der Schöpfung 15
Auslegung 15
Meine Erfahrung mit dem Tag Eins der Schöpfung 26
Übung 27

3 Der zweite Schöpfungstag 28
Auslegung 28
Meine Erfahrung mit dem zweiten Schöpfungstag 35
Übung 36

4 Der dritte Schöpfungstag 37
Auslegung 37
Meine Erfahrung mit dem dritten Schöpfungstag 43
Übung 43

5 Der vierte Schöpfungstag 44
Auslegung 44
Meine Erfahrung mit dem vierten Schöpfungstag 53
Übung 54

6 Der fünfte Schöpfungstag 55
Auslegung 55
Meine Erfahrung mit dem fünften Schöpfungstag 61
Übung 62

7 Der sechste Schöpfungstag 63
Auslegung 63
Meine Erfahrung mit dem sechsten Schöpfungstag 70
Übung 71

8 Der siebte Schöpfungstag 73
Auslegung 73
Meine Erfahrung mit dem siebten Schöpfungstag 77
Übung 77

9 So wird, was von Anfang an ist 78

10 Ausblick 79

Literatur 80

Zum Geleit

Als wir in diesem Jahr auf einer Tagung unseres Vereins Erev-Rav in Knesebeck den Zweiten Teil des Jesajabuches gelesen haben, war Beatrix Jeßberger eine meiner Gesprächspartnerinnen, obwohl sie nicht dabei war. Wir lasen von dem Schöpfer, der „den Himmel spannt und die Erde gründet“ (Jesaja 51,13) und dieses sein schöpferisches Tun mit den Worten charakterisiert:

Ich setzte meine Reden in deinen Mund
und habe dich zugehüllt
mit dem Schatten meiner Hand:
einen Himmel zu pflanzen,
eine Erde zu gründen
und zu Zion zu sprechen:
Du bist mein Volk.
(Jesaja 51,16)

Schöpfung wird in diesen Sätzen als ein Prozess beschrieben, der in der Gegenwart andauert. Gottes Schöpfung geschieht mit der Berufung von Menschen. Eine bewohnbare Erde, auf der auch das jüdische Volk in Frieden leben kann, unter einem schützenden Himmel entsteht durch das Reden und Tun von Menschen, die sich von Gott ansprechen lassen.

Ich wusste, dieser Text würde Beatrix gefallen, und gleichzeitig würde sie die Sätze des Jesajabuches anders als eben skizziert auslegen. Eher in folgendem Sinne: Ja, Gottes Schöpfung geschieht mit der Berufung von Menschen, denn *in ihnen* entstehen Himmel und Erde. Schöpfung ist ein Reifungsprozess, der in jedem einzelnen Leben stattfindet, in dem jede und jeder einzelne aus Finsternis zur Vollendung geführt wird.

Beatrix Jeßberger entfaltet eine Auslegung der Schöpfungsgeschichte, die die Leserinnen und Leser in diesen Reifungs- und Entwicklungsprozess hineinnehmen will. Bei aller Konzentration auf menschliche Wachstumsprozesse gerät ihr nicht die Welt mit ihrer Not aus dem Blickfeld. Durch die innere Heilung der Einzelnen hindurch geschieht die Heilung der Welt.

Beatrix Jeßberger ist mir mit dieser faszinierenden Lektüre der Schöpfungsgeschichte zu einer inneren Gesprächspartnerin geworden, und ich wünsche allen Leserinnen und Lesern dieses Buches, dass ihnen dasselbe widerfährt. Denn auch wenn ich die Absicht Gottes, einen Himmel zu pflanzen, eine Erde zu gründen und Zion zu trösten (Jesaja 51,16), weiterhin auch als Auftrag verstehen möchte, unabhängig von meiner inneren Heilung die Institutionen in dieser Welt gerecht zu gestalten, ist mir durch die Lektüre deutlich geworden, dass uns bei der Betonung der verantwortlichen Tat in Befreiungstheologie und feministischer Theologie häufig die Worte fehlen, wenn es um die eigene Frömmigkeit, um die Auseinandersetzung mit Gott und die spirituelle Bewältigung von Krisen geht. Der Fähigkeit zu lieben, der Heilung und Spiritualität der in die Welt gesandten Frauen und Männer haben wir nur wenige Worte gewidmet. Insofern freue ich mich über alle, die sich von Beatrix' Lektüre der Schöpfungsgeschichte begeistern lassen, und danke ihr für dieses Buch.

Klara Butting

Vorwort

Vor ein paar Jahren hatte ich das Glück, von Pia Gyger und Niklaus Brantschen zu einem zweijährigen spirituellen Schulungsaufenthalt ins Lassalle-Haus, Bad Schönbrunn, eingeladen zu werden. Das Lassalle-Haus ist das Bildungshaus der Jesuiten in der Deutsch-Schweiz. Niklaus Brantschen hat dem Haus als Direktor das Profil eines spirituell-politischen und interreligiösen Begegnungsortes und den Namen gegeben. P. Hugo Enomiya-Lassalle war ein Pionier in der Vermittlung der japanischen Zen-Meditation in Europa. Sowohl Pia Gyger als auch Niklaus Brantschen sind Zen-Meister, Ordensleute und in der spirituellen Erwachsenenbildung tätig. Sie leiten gemeinsam ein Institut, das sich an Menschen aus Politik und Wirtschaft wendet, die sich in ihrer spirituellen Erfahrung verbinden und neue Antworten auf die Fragen unserer Zeit suchen. Von den beiden habe ich sehr viel gelernt, und sie haben mich auf dem Zen- und Kontemplations-Weg zu mir selbst geführt.

Spirituelle Schulung und Begleitung erfuhr ich auch durch meine Mitschwestern im Katharina-Werk, einer ökumenischen Gemeinschaft mit interreligiöser Ausrichtung, der ich angehöre. Sie hat das Gemeinschaftshaus in Basel und ein Bildungshaus in Teufen AR. Die Mitglieder dieser Gemeinschaft haben sich der Friedens- und Versöhnungsarbeit in der Welt verpflichtet. Stellvertretend möchte ich hier Hildegard Schmittfull, Theres Bleisch und Renate Put nennen, denen ich sehr viel verdanke und mit denen ich freundschaftlich verbunden bin.

Während meiner Zeit im Lassalle-Haus lernte ich, im Team (u.a. Fasten-)Kurse zu leiten. Als ich einmal nach einem Thema für einen Fastenkurs suchte, schlug ich die Bibel auf und war überrascht, welchen Schatz ich dort entdeckte. Dank meiner Meditationspraxis eröffneten sich mir biblische Texte plötzlich vollkommen neu. Ich entdeckte Sprachbilder in den scheinbar so abgenutzten Geschichten, die mich auf neue Weise mit ihnen in Kontakt brachten. Ich lernte, die hebräischen und griechischen Worte der Bibel von ihrem Gehalt her zu erspüren, zu sehen, in welchem Kontext sie in den verschiedenen biblischen Büchern stehen. Auf den Kontext zu achten, das hatte mich meine Freundin und Kollegin Klara Butting während vieler Erev-Rav-Tagungen gelehrt. Sie war es, die mich bereits während des Theologiestudiums mit dem exegetischen Ansatz der so genannten Amsterdamer Methode vertraut machte. Im Lassalle-Haus begann ich also, die Schöpfungsgeschichte mit vollkommen neuen Augen zu lesen. Dies kam einer Entdeckungsreise gleich. Sie führte mich auch in die Tiefe meiner Existenz.

Mit diesem Buch möchte ich dazu einladen, meinen Ausführungen (ich habe bewusst die erzählende Sprache gewählt) zu folgen und sie gleichzeitig mit eigenen Erfahrungen zu verbinden. In vertiefenden Übungen kann sich jede und jeder Bilder aus der eigenen inneren Quelle schenken lassen. Auf den ersten Blick mag es fremd erscheinen, sich mit der von mir gewählten Weise dem biblischen Text zu nähern. Im Judentum heißt es, dass es 70 verschiedene Möglichkeiten gibt, biblische Schriften zu lesen. Meine ist also nur eine von vielen. Natürlich ist mein christlicher Hintergrund die Brille, mit der ich die Schöpfungsgeschichte verstehe. Aber das Judentum ist mir ebenfalls eine Mutter, und in meinem Herzen verbinden sich beide Religionen. Für mich ist Jesus Jude, und ich habe deshalb kein Problem damit, seine Geschichte in die des Volkes Israel zu integrieren. Das zentrale Thema der Bibel ist die Liebe, die Gottes- und Menschenliebe. Ein Christentum, das sich von seinen Wurzeln im Judentum löst und Juden hasst oder missioniert, sägt sich selbst den Ast ab, auf dem es sitzt. Ich möchte mit diesem Buch deshalb auch meinen tiefen Dank und Respekt gegenüber meinem Lehrer, Rabbi Abraham Joshua Heschel, und meiner Freundin, Prof. Susannah Heschel, zum Ausdruck bringen. Sie haben mich Anteil nehmen lassen an ihrer Liebe zum Judentum und an ihrem tiefen Humanismus. Durch sie fand ich einen neuen Zugang zu meiner eigenen christlichen Religion.

Danken möchte ich auch Silja Graupe für ihre Freundschaft und die Gespräche, Veronika Sparber für die Korrekturen und den BewohnerInnen von Rehetobel im Appenzeller Land, Schweiz, weil sie mich so nehmen, wie ich bin.

1 Am Anfang …

Die Schöpfungsgeschichte beginnt mit den Worten: *Am Anfang schuf Gott den Himmel und die Erde.* Und sie endet mit den Worten: *Und so sind Himmel und Erde geworden, als sie geschaffen wurden.* Diese beiden Sätze bilden den Rahmen. Von Anfang an geht es um die Verwirklichung der Schöpfung, um die Verbindung von Himmel und Erde in uns, in unserem Raum – in unserer Zeit. Gott schuf nicht nur die Erde, sondern Himmel und Erde. Die Schaffung der Erde impliziert die Schaffung des Himmels. Es ist ein einziger Vorgang. Der Himmel symbolisiert die geistige Dimension, die zur phänomenalen Welt untrennbar dazu gehört. Wie Angelus Silesius sagt: „Halt an, wo läufst du hin. Der Himmel ist in dir. Suchst du ihn anderswo, du fehlst ihn für und für." Schöpfung heißt, dass die phänomenale Welt und die geistige Welt sich in uns zu einer Einheit verbinden. Schöpfung beginnt mit der Erfahrung der Entbindung und endet im Bund, in tiefer Verbundenheit. Anfang und Ende sind eins und doch verschieden, weil zwischen dem *„Am Anfang schuf Gott den Himmel und die Erde"* und *„So sind Himmel und Erde geworden als sie geschaffen wurden"* eine Entwicklung stattgefunden hat.

Schöpfungszeit ist Körperzeit

Der Anfang, hebräisch *rosh*, ist ein Zeit-Raum-Begriff. Die Geschichte bekommt einen Anfang, Zeit wird herausgehoben aus dem Fluss der Zeit, wie der Beginn eines neuen Jahres. Das biblische Denken setzt ein vieldimensionales Verständnis von Zeit voraus. Es kennt noch nicht das abstrakte physikalisch-neuzeitliche Denken, das einen einheitlich messbaren linearen Zeitfluss heraushebt. *Rosh* ist ein Körperbegriff, *rosh* meint auch Kopf. Die Zeit der Schöpfungsgeschichte beginnt also als „Körperzeit". Jürgen Ebach zeigt, dass auch die hebräischen Begriffe, die die Vergangenheit und die Zukunft bezeichnen, Körperbegriffe sind. Die Vergangenheit heißt *liphne*, sie setzt sich zusammen aus der Präposition *l^e* und dem Nomen *panim*. Vergangenheit heißt übersetzt: vor dem Angesicht. Die Zukunft heißt *acharith*, das meint:

an der Rückseite, hinter dem Rücken. Die Vergangenheit haben wir vor unseren Augen. Die Zukunft liegt im Rücken. Sie ist nicht sichtbar, nicht erkennbar.

Die Schöpfungsgeschichte verwendet zu Beginn einen Zeitbegriff der Raumkategorie. Raum-Zeit beschreibt die Bibel als Beziehungszeit zwischen Gott und Mensch und zwischen Mensch und Mensch. Raum-Zeit ist also, biblisch gesehen, im Wesentlichen ein Sozialbegriff und meint Körperzeit bzw. Lebenszeit. Schöpfung ist ein Entwicklungsprozess im Menschen vom Zustand der Finsternis über sein Erwachen in den Zustand der Vollkommenheit hinein. Die Schöpfung schafft sich Raum in unserem Körper im Rahmen unserer Körper- und Lebenszeit. Himmel und Erde sind in uns. Der Himmel ist keine Kategorie, die getrennt von uns existiert. Der Mensch reift durch die sieben Tage der Schöpfung hindurch. Dieser Reifungsprozess ist Schöpfung und Neuschöpfung. Der Mensch entfaltet und übersteigt sich selbst, bis er eins ist mit dem, der ihn geschaffen hat. In der Einheit oder Ebenbildlichkeit werden er in seiner Einzigartigkeit als Mann und sie in ihrer Einzigartigkeit als Frau erkenn- und erfahrbar. Den Abschluss dieser Entwicklung bildet die Erfahrung der Ganzheit und Ruhe, in der es kein Wollen, kein Begehren, keinen Glauben mehr gibt, weil Gott *alles in allem* ist.

Schöpfung ist demnach nicht etwas, was vor langer Urzeit geschehen ist, der Prozess der Schöpfung findet vielmehr in jedem einzelnen Leben statt. Biblische Geschichten übersteigen Historie, übersteigen die Zeit, in der sie mündlich tradiert und in der sie aufgeschrieben wurden. Die biblischen Bücher haben universale Bedeutung. Sie hätten kaum Jahrtausende als heilige Schriften überlebt, würden sie nicht in jedem Menschen neu aktualisiert. Sie leben von ihrem Gebrauch und der Aktualisierung. Wo diese Verlebendigung aufhört, werden sie zu unverständlichen, antiquierten Geschichtchen, die man höchstens noch Kindern zumutet, oder sie werden fundamentalistisch missbraucht, um z.B. gegen die Evolutionstheorie zu Felde zu ziehen.

Die Schöpfungsgeschichte ist für mich ein Wachstumsweg. In uns Menschen ist eine tiefe Sehnsucht angelegt, uns selbst zu überschreiten, zu wachsen und zu reifen. Das Sich-selbst-Überschreiten ist Schöpfung. Himmel und Erde wollen sich in uns zu einer Einheit entfalten. In unserem Leben nehmen wir eine Kluft wahr zwischen Himmel und Erde. Wir fühlen uns ausgespannt zwischen der Wirklichkeit und unseren Wünschen und Träumen. Wir leben in einer Zeit des großen Wandels, gesellschaftlicher Umbrüche und Orientierungslosigkeit, wir erleben das Zerbrechen von Beziehungen, Heimatlosigkeit, Naturkatastrophen und regellose Terrorkriege. Die traditionellen Antworten der großen Institutionen, wie der Kirchen, reichen nicht mehr aus. Sie nähren nicht mehr. Der Fundamentalismus versucht, Schuldige für diese Umbruchserfahrungen ausfindig zu machen und diese zu bekämpfen. Er arbeitet mit einem simplen Schwarz-Weiß-Muster, das kein Fundament in den biblischen Büchern hat, sondern im unerlösten Herz seiner falschen ProphetInnen. An dieser Schwelle setzt die Schöpfungsgeschichte ein. Sie beschreibt die Situation als trostlos. *Die Erde war Wüste und Leere und Finsternis über der weiten Tiefe.* Die Schöpfungsgeschichte will uns herausführen aus der Wüste, der Leere und Finsternis. Sie ist ein programmatischer Weg, der die Verbindung von Himmel und Erde schafft, und zwar in uns und dadurch auch um uns. Schöpfung ist, wenn sie sich in unserem Leben aktualisiert, Neuschöpfung. Schöpfung ist ein Erlösungsweg. Er erleuchtet uns, führt uns in die Weite des Himmels und in die Zentrierung auf Erden; er hilft uns, uns zu transzendieren, uns selbst zu übersteigen, einer Vision zu folgen, Ebenbild zu werden und am Ende Vollkommenheit, Ganzheit und Ruhe zu erfahren.

Die Schöpfungsgeschichte ist der programmatische Anfang der Bibel. Dem ersten Kapitel der biblischen Bücher kommt eine einleitende Rolle zu. In einer Einleitung kommt alles zur Sprache, was sich in den folgenden Kapiteln und Schriften entfaltet. Konkret meint das: die Schöpfungsgeschichte enthält im Grundsatz die Themen, die sich in der Geschichte Gottes mit Israel und mittels Jesus Christus mit uns Christinnen und Christen entfalten. Sie umfasst damit die Lebensgeschichte eines jeden und einer jeden von uns.

Am Anfang schuf Gott Himmel und Erde

Am Anfang schuf Gott. Das hebräische Wort *bara* (schaffen) wird ausschließlich von göttlichem Erschaffen gesagt, niemals von menschlichem Tun. Die Schaffung von Himmel und Erde ist ausschließlich Gottes Tat. Aus christlicher Sicht beginnt Schöpfung in Gott selbst. Im trinitarischen, dreieinigen Geheimnis Gottes geschieht Schöpfung. Der Mystiker Johannes Tauler hat dieses Geheimnis die drei Phasen der Gottesgeburt genannt. Die erste Phase findet in Gott, im Urgrund selbst statt: Gott ist Liebe. Liebe zeugt und gebiert Liebe. Liebe erfährt sich im Gegenüber als Liebe. Liebe kehrt als Liebe zum Urgrund zurück. Wir nennen diese Liebesemanation: Gott, Christus, Geist, oder auch Vater, Sohn und Heiliger Geist. Liebe kann niemals allein existieren. Gott, der Urgrund, entäußert sich, schafft Welt, schafft das Universum, den Sohn als Gegenüber. „Er (Christus) ist das Ebenbild des unsichtbaren Gottes, der Erstgeborene vor aller Schöpfung. Denn in ihm ist alles geschaffen, was im Himmel und auf Erden ist, das Sichtbare und das Unsichtbare … es ist alles durch ihn und zu ihm hin geschaffen" (Kolosser 2,16).
Diese Entfaltung der Liebe in die universale Welt der Phänomene hinein nennt Tauler die zweite Phase der Gottesgeburt. Innerhalb dieser Zeit, als *Kairos*, das meint in der Fülle der Zeit, kam Christus als historischer Jesus zur Welt. Er fiel nicht vom Himmel, sondern Himmel und Erde haben ihn gemeinsam gezeugt und geboren. Er ist das Ebenbild Gottes. Er ist wahrer Mensch wie wahrer Gott. Er verbindet in sich Himmel und Erde. Er führt alles Kranke, Gebrochene, Ausgegrenzte, Zerstörte, Heimatlose, Gefolterte und Getötete zurück in die Einheit mit Gott. Er wendet den Blick von Grab und Tod in das Leben, in die Auferstehung von den Toten, in die Verbundenheit mit dem Ursprung der Liebe.
Die dritte Phase der Gottesgeburt beginnt mit dem Pfingstwunder. Von diesem Zeitpunkt an, Zeit wird auch hier als Körperzeit verstanden, geschieht die Gottesgeburt in jedem einzelnen Menschen. Die Vision des neuen Himmels und der neuen Erde, die Vision vom Friedensreich Gottes auf Erden, erfasst die Men-

schen. Die Gottesgeburt findet in jeder Frau, in jedem Mann, in mir statt, bis Gott *alles in allem* sein wird (1. Korinther 15,28c). Liebe zeugt und gebiert Liebe. Sie strömt, bewegt sich, umfasst Gott und Welt, ist heilende Kraft, ist Heiliger Geist. Liebe kehrt gereift und ausstrahlend zu ihrem Ursprung zurück. Schöpfung ist also Liebe, sagt Pia Gyger in ihrer Johannes-Tauler-Interpretation, Liebe, die sich selbst im Gegenüber als Liebe erkennt und zu ihrem Ursprung, zur Liebe, zurückfließt. Liebe beinhaltet zugleich Verbundenheit und Freiheit. Es gibt keine echte Freiheit ohne Verbundenheit und keine echte Verbundenheit ohne Freiheit. Als Menschen haben wir die Freiheit, uns immer tiefer in die Liebe hinein zu versenken, uns ihr hinzugeben, um selbst Liebe zu sein – oder zum Bund mit Gott *nein* zu sagen. Die sieben Tage der Schöpfung sind demnach Tage, die den Reifungsprozess innerhalb der dritten Phase der Gottesgeburt beschreiben. Liebe ist die einzige Wirklichkeit, in der wir leben. Es gibt keine Wirklichkeit außerhalb von ihr. Alle Dinge haben ihren Ursprung in der Liebe und kehren in die Liebe zurück.
Vor einiger Zeit habe ich KonfirmandInnen gefragt, woran sie sich erinnern können, woran sie sich z. B. vom gestrigen Tag erinnern, oder von einem bestimmten Tag im vergangenen Jahr oder vor fünf Jahren. Sie waren überrascht über ihr geringes Erinnerungsvermögen. Plötzlich kam ein Konfirmand auf die Idee: „Wir erinnern nur, was im Herzen bleibt." Es wurde aber auch deutlich, dass wir uns neben dem zu Herzen Gehenden an viel Schreckliches und Unversöhntes erinnern. Für den lateinamerikanischen Theologen Ernesto Cardenal ist alles, auch das Unversöhnte, ein Ausdruck von Liebe. Selbst der Hass und der Krieg sind, wie er sagt, Liebe: Liebe in einer pervertierten Form. So schreibt auch Thomas Merton im Vorwort zu „Das Buch von der Liebe" von Ernesto Cardenal:

> Die Psychoanalyse hat uns gelehrt, dass Hass, Angst und sogar körperliche Krankheiten den Ursprung oft in jener Liebe haben, die sich weigert, sich selbst zu erkennen, in jener Liebe, die daran erkrankte, dass sie ihre eigene wahre Natur nicht erkannte und den Gegenstand ihrer Liebe aus

dem Blick verlor. Die Konflikte dieser Welt sind keineswegs auf das Nichtvorhandensein der Liebe zurückzuführen, sondern auf Liebe, die nicht wagt, sich selbst zu erkennen, die ihrer eigenen Realität untreu geworden ist. Grausamkeit ist ziellos gewordene Liebe. Hass ist Liebe ohne Erfüllung.

In der Tiefe ist alles Liebe. Schöpfung meint den Prozess der Selbsterkenntnis und der Entfaltung unserer Mitte, die Liebe ist. Dieser Prozess beginnt mit der Erfahrung des Entfremdetseins, der Entbindung vom Ursprung, und mündet in die tiefste Verbundenheit mit dem Ursprung. Die sieben Tage symbolisieren einen Aufstieg und ein Reifen des Menschen in die Ebenbildlichkeit der Liebe hinein. Schöpfung ist nichts Statisches, sondern ein fortschreitender Prozess. Dieses Voranschreiten besteht darin, dass der Geist Gottes und das zur Materie gewordene Wort Gottes sich immer tiefer gegenseitig durchdringen, eins miteinander werden. Es geht, wie Teilhard de Chardin sagt, um die Vereinigung der Menschheit in Liebe und darin um die Vollendung der Schöpfung durch die mystische Hochzeit mit dem Schöpfer. Wir befinden uns inmitten der dritten Phase der Gottesgeburt. Sie beginnt mit dem Tag eins.

2 Der Tag eins der Schöpfung

Die Erde aber war Wüste und Leere und Finsternis über der weiten Tiefe und der Geist Gottes schwebte über den Wassern.
Gott sprach: es werde Licht; und es ward Licht.
Und Gott sah das Licht, dass es gut war.
Gott schied zwischen dem Licht und der Finsternis und berief das Licht als Tag und die Finsternis als Nacht:
Es ward Abend und es ward Morgen: ein Tag.

Auslegung

Die Grunderfahrung des Menschen ist eine Erde, die getrennt vom Himmel wahrgenommen wird. Die Erde war Wüste und Leere, hebräisch: *tohu wa bohu*. Es ist die abgründige, verborgene Erdentiefe, die ausweglose Tiefe, mit der wir Menschen von Anfang an konfrontiert sind, geistige Wüste und Leere. Die Leere bedroht unsere ganze Existenz. Die schauerliche Finsternis ist Teil des Erdenlebens. *Tohu wa bohu*, wüst und leer, ist etwas, worüber wir fassungslos, starr und bestürzt sind, sobald wir uns dessen bewusst werden. Die Wüste und Leere ist keinem Menschen unbekannt, auch wenn wir viele Mechanismen entwickelt haben, um sie zu verdrängen oder ihr zu entfliehen. Die Wüste und die Finsternis können jederzeit von uns Menschen hergestellt werden. Die Wüste ist eine ausweglose Wirklichkeit. Die geistige und seelische Verarmung der Menschheit oder eines Volkes ist Finsternis. Der Prophet Jeremia sagte einmal, ein Land ist dann dem *tohu wa bohu* ausgeliefert, wenn das Volk seines Bundes mit Gott nicht mehr gedenkt.

Aber mein Volk ist toll und glaubt mir nicht. Töricht sind sie und achten's nicht; weise sind sie genug, um Übles zu tun, aber recht tun wollen sie nicht lernen. Ich schaute das Land an, siehe, es war wüst und leer, und den Himmel, und er war finster. … Ich sah, und siehe, da war kein Mensch, und alle Vögel unter dem Himmel waren weggeflogen.
(Jeremia 4,22 ff.)

Da war kein Mensch. Da waren Menschen, aber kein wirklicher Mensch. Die Menschen im Zustand des *tohu wa bohu* sind noch nicht erwacht in ihre geistige Dimension. Sie haben sich noch nicht die Frage gestellt: warum lebe ich? Sie haben noch nicht erkannt, dass sie geschaffen wurden, damit die Schöpfung zu sich selbst erwacht. Noch ist sich der Mensch nicht dessen bewusst, dass sich der Kosmos in ihm personalisiert (Teilhard de Chardin). Noch sind Himmel und Erde, Gott und Mensch, getrennt. *Tohu wa bohu* ist die Zeit vor aller Beziehung, es bedeutet Verelendung, Einsamkeit, Trostlosigkeit für Mensch und Tier, für Himmel und Erde. Für Israel schildert der Prophet Jesaja, worin die Finsternis zum Ausdruck kommt. Er sagt: *„Heilige Stätten sind zur Wüste geworden, Zion ist zur Wüste geworden, Jerusalem liegt zerstört."* (Jesaja 64,9). Die geistige Welt liegt brach. Es herrscht Finsternis.
Der Begriff „Finsternis" (hebräisch: *chäsäd*, griechisch: *phtora*) weist, wie Luzia Sutter Rehman schreibt, auf ein Geschehen im sozialen Kontext hin. Menschen tun einander Finsternis an; das meint, sie üben Gewalt aus, sie erniedrigen, degradieren andere im persönlichen wie im sozialen Bereich. Finsternis ist eine beziehungslose Zeit. Die Bibel sagt, die Finsternis kann das Reich Gottes nicht erben. Wo Finsternis herrscht, ist kein Raum für die Hoffnung auf einen neuen Himmel und eine neue Erde, auf den neuen Adam, auf Schöpfung. Im Epheserbrief 4,22 werden Begierde, Betrug und Verblendung als Gründe dafür genannt, dass Menschen zerstören. Paulus fordert deshalb auf: *„Zieht den neuen Menschen an, der nach dem Bild Gottes geschaffen ist in wahrer Gerechtigkeit und Heiligkeit."* (Epheser 4,24). Die Ebenbildlichkeit des Menschen mit Gott ist also nicht von vorneherein gegeben, sondern sie ist ein Weg, ein Prozess der Menschwerdung, der aus Verblendung und Begierde, aus der Finsternis herausführt. Vielleicht müssen wir Menschen uns erst der Finsternis bewusst werden, ihr begegnen, um dann einen Weg zu suchen, der aus der Verblendung ins Licht führt. Die Propheten und Prophetinnen verkünden in eine von der Finsternis beherrschten Situation hinein die Möglichkeit des Neuanfangs. Sie sprechen von Neuschöpfung: *„Denn siehe, ich will einen neuen Himmel und eine neue Erde schaffen, dass man der vorigen nicht mehr gedenke, und sie*

nicht mehr zu Herzen nehmen wird." (Jesaja 65,17). Gott schafft das Neue, aber er schafft es, wie wir im Folgenden sehen werden, nicht ohne uns.

Finsternis ist also ein Teil unserer Existenz. Auch die Finsternis hat Gott geschaffen: *„Der Ich das Licht mache und die Finsternis schaffe"* (Jesaja 45,7). Ich verstehe diese Aussage so, dass Gott, indem er uns Menschen die Freiheit schenkte, auch die Möglichkeit schuf, in der Verblendung zu leben. Wir haben die Freiheit, „nein" zu sagen zur Liebe und zur Vision eines Friedensreiches. In Gott selbst gibt es keine Finsternis. Gott, der Liebe ist, übersteigt Finsternis und Licht. *„Finsternis ist nicht finster bei Gott. Finsternis ist Licht."* (Psalm 139,12). Auf den ersten Blick sind solche Sätze kaum verständlich, denn sie setzen voraus, dass wir Finsternis als das erkennen, was sie ist: ziellos gewordene Liebe. Selbst im tiefsten Hass ist die unerfüllte Liebe sichtbar. Selbst im Abgrund lässt sich das Licht der Liebe ansprechen, die hier in ihrer pervertierten Form zu Tage tritt. Schöpfung ist also ein Prozess, der herausführt aus der Perversion und der Abgespaltenheit, die in jedem und jeder von uns als Möglichkeit existiert. Schöpfung ist kein einmaliger Vorgang am Anfang der Zeit, sondern ein fortwährender Vorgang im Rahmen unserer Körper- und Lebenszeit. Schöpfung ist die Schaffung von Himmel und Erde in uns. Schöpfung ist die Entfaltung einer Liebe, die in uns Himmel und Erde umfasst.

Gott ist nicht der große Werkmeister, der Demiurg, der alles vorhergesehen und vorherbestimmt hat. Gott ist jenseits von Himmel und Erde und ist im Himmel und auf Erden. Gott hat sich entäußert, wurde in Christus Kosmos, Welt, Mensch. Er hat sich selbst unserer Werdewelt überantwortet. Was können wir über Gott aussagen? Im Grunde genommen können wir keine Aussage über Gott treffen, weil Gott für uns nicht handhabbar, nicht aussprechbar ist. Der indische Theologe Raimond Pannikar sagt deshalb: *Das Absolute, Gott, ist nicht.* Das meint, Gott besitzt keine Exsistenz (Ex-sistenz), nicht einmal ein Sein. Im christlichen Verständnis hat Gott alles in der Zeugung Christi hingegeben. In Gott ist *kenosis* oder Entleerung des Seins wirklich und allumfassend. Die Identität von Gott und Christus ist allumfassend, und die Andersheit ist ebenfalls umfassend, unendlich und absolut. Christus ist Schöpfung, ist Sichtbarkeit des unsichtbaren Gottes, ist Widerhall des göttlichen Urschreis: ICH BIN, DER ICH BIN. Zu Gott gibt es keinen Weg, aber in uns gibt es eine Dimension – die tiefste von allen –, die diesem totalen Apophatismus, die dieser totalen Weglosigkeit entspricht. Nicht nur kommt alles zu ihm, es kommt auch alles von ihm, dem Vater/der Mutter des Lichts. „Unzweifelhaft kann man nicht zu ihm kommen und doch ist es gleichfalls unmöglich, nicht von der Strömung mitgerissen zu werden, die alles zu ihm, zum Absoluten, treibt." (Raimond Pannikar).

Meine Lehrerin Pia Gyger betont immer wieder, dass jede Religion einen anderen Aspekt Gottes zum Leuchten bringt und sich diese Facetten gegenseitig ergänzen. Der besondere Aspekt des Christentums ist, in Gott selbst ein Beziehungsgeschehen zu erkennen. Das Absolute entfaltet sich relational. Gott ist Beziehung. Alle Wirklichkeit ist relational, ist Beziehung. Der Geist ist die Verbindung zwischen dem unsichtbaren und dem sichtbaren Aspekt Gottes, Jesus Christus. Der Geist ist die Verbindung von Gott und Mensch. Der Geist ist der weibliche Aspekt Gottes, *Ruach*, der Atem der Schöpfung, der belebt, vorantreibt und verbindet. Im Christentum haben wir den Blick zu sehr auf Jesus Christus als den wahren Gott-Menschen verengt, dem Ausgang und Ziel aller Schöpfung. Das Judentum lehrt uns, dass Gott jeden einzelnen Menschen anspricht. Gott sucht jede und jeden von uns als Partnerin und Partner Gottes. Die *Halacha*, das Lebensgesetz, zeigt, wie wir uns in jedem Lebensmoment auf Gott hin ausrichten können. Das Ziel ist die Einheit von Gottes Wort und menschlicher Antwort.

Der Philosoph Hans Jonas schreibt:

> Mit dem Erscheinen des Menschen erwachte die Transzendenz zu sich selbst und begleitet hinfort unser Tun mit angehaltenem Atem, hoffend und werbend, mit Freude und Trauer, mit Befriedigung und Enttäuschung – und wie ich glauben möchte, sich ihm fühlbar machend, ohne doch in die Dynamik des weltlichen Schauplatzes einzugreifen.

Gott ist nicht der Unbewegte Beweger (Augustinus), der Manager, dessen Plan schon fertig in der Schublade liegt und dessen Wünschen wir nur noch gehorchen müssen. Im Gegenteil: Gott hat sich dem Menschen hingegeben. In ihrem Sonntagmorgengebet vermittelt Etty Hillesum, eine holländische Jüdin, die 1944 in Auschwitz ermordet wurde, wie radikal Gott uns Menschen braucht, damit er in der Welt ist. Sie betet:

> Ich will dir helfen, Gott, dass du mich nicht verlässt, aber ich kann mich von vorneherein für nichts verbürgen. Nur dies eine wird mir immer deutlicher: dass du uns nicht helfen kannst, sondern dass wir dir helfen müssen, und dadurch helfen wir letzten Endes uns selbst. Es ist das Einzige, auf das es ankommt: ein Stück von dir in uns selbst zu retten, Gott.

Gott braucht uns Menschen als Mitschöpfer, als Mitschöpferinnen, um sein Reich im Himmel und auf Erden zu verwirklichen, es vollkommen und ganz zu machen. Gott kann von uns Menschen nicht behauptet, sondern nur bezeugt und gelebt werden. Gott ist, wenn wir Gott leben. Gott ist absolut und relational. In Psalm 8 heißt es:

> *Gott, unser Herrscher, wie bewundernswert ist dein Name auf der ganzen Erde, über die Himmel breitet sich deine Pracht aus. Aus dem Mund von Kindern und Säuglingen verschaffst du dir Lob wegen deiner Feinde, wegen der Vernichtung der Feinde und Gesetzlosen. Denn ansehen will ich die Himmel, das Werk deiner Finger, den Mond und die Sterne, für die du den Grund gelegt, die du befestigt hast. Was ist der Mensch, dass du seiner gedenkst, der Einzelne, dass du nach ihm siehst? Du hast ihn nur etwas geringer gemacht als dich selbst, vergleichbar mit Engeln, du hast ihn bekränzt mit Glanz und Ehre. Du hast ihn eingesetzt über das Werk deiner Hände, alles hast du ihm unter seine Füße gestellt, alle Schafe, Ziegen, Rinder, darüber hinaus die Herden der Ebene, die Vögel des Himmels und die Fische des Meeres, alle, die die Wege der Meere durchziehen. Gott, unser Herrscher, wie bewundernswert ist dein Name auf der ganzen Erde.*

Solange der Mensch nicht zu sich selbst, in sein göttliches Wesen hinein erwacht, ist die Erde bestimmt von Wüste und Leere und Finsternis.

Der Geist Gottes schwebt

Vom ersten Schöpfungstag heißt es: *der Geist Gottes schwebt über den Wassern*. Wasser ist das Grundelement des Lebens. Wir reifen als Embryos im Fruchtwasser der Gebärmutter. Wasser ist Lebenselixier und das Symbol der Wandlungsfähigkeit: Wasser ist Wolke, Tau, Regen, Eis, Schnee, Hagel, Fluss, See, Meer, Blut, Schweiß etc. Alles Lebendige gestaltet sich durch das Wasser. Das Wasser selbst hat keine Gestalt. Indem es kein eigenes Leben beansprucht, ist es die Urkraft alles Lebendigen. Wasser reinigt von aller Verschmutzung und Verblendung. Wasser ist auch Sinnbild des Todes. Alles, was nicht Gott ist, muss untergehen, sterben. In der Geschichte des syrischen Feldhauptmanns Naemann und des Propheten Elias (2. Könige 5), wird deutlich, wofür der Jordan, Sinnbild des Wasserstroms, steht. Naemann ist durch seine Gewalttaten aussätzig geworden. Er hat sich von der menschlichen Gemeinschaft entfernt. Um geheilt zu werden, fordert ihn der Prophet Elias auf, siebenmal im Jordan unterzutauchen. Der Jordan steht für die Todesgrenze: über den Jordan gehen. Siebenmal untertauchen bedeutet siebenfachen Tod. Erst dann ist Naemann vom Aussatz geheilt. Er ist wieder Teil des Beziehungsnetzes der Menschheit. Auch die christliche Taufe ist Sinnbild von Sterben und Auferstehung. Es geht darum, aus dem Wasser und dem Geist neu geboren zu werden. Im Wasser geht unter, was in uns nicht gottgemäß ist, was nicht der Liebe, sondern der Finsternis dient. Aus dem Wasser steht gereinigt das Neue auf. In der Exodusgeschichte wird beim Durchzug durch das Schilfmeer der Geist Gottes in Verbindung mit dem Wasser zu einem Geburts- bzw. Todeskanal. Für Israel ist der Durchzug durch das Schilfmeer der Beginn einer Neugeburt, für das ägyptische Heer hingegen bedeutet es das Ende seiner Existenz.
Der Religionsphilosoph Martin Buber hilft, dieses Bild des Schwebens zu verstehen. Er bedient sich dabei des Bildes vom Adler, der zitternd und vibrierend über dem Nest, in dem seine

Jungen sind, in der Luft hängt. Breitet eines von ihnen zum ersten Mal die Flügel aus und droht, in die Tiefe zu fallen, dann schiebt sich der Adler schwebend darunter, fängt es mit seinen Flügeln auf und trägt es zurück in sein Nest. Buber bezieht sich auf Deuteronomium 32,10f. Dort heißt es im Lied des Mose:

> *ER fand ihn, Jakob/Israel in der Wüste, in der dürren Einöde sah er ihn. Er umfing ihn und hatte acht auf ihn. Er behütet ihn wie einen Augapfel. Wie ein Adler ausführt seine Jungen und über ihnen schwebt, so breitete er seine Fittiche aus und nahm ihn und trug ihn auf seinen Flügeln.*

So also schwebt Gottes Geist über den Wassern. Sinn dieses Bildes ist: Gott breitet seine Flügel aus, damit die Menschen nicht abstürzen, nicht ertrinken und für immer untergehen. Die Finsternis, die Wüste und Leere, der Tod, sind nicht das Ende des Menschen. Gott führt immer ins Leben.

In diesem Moment, wo der Geist über dem Wasser schwebt, tritt wie mit einem Donnerschlag das Licht am Tag eins der Schöpfung in Erscheinung: *Gott spricht: Es werde Licht und es ward Licht.* Der Mensch wird erleuchtet. Die Erleuchtung setzt einen Prozess in Gang, der durch die sieben Tage der Schöpfung führt. Aus der Physik wissen wir: Licht wird erst dann sichtbar, wenn es auf eine Fläche trifft. Das Licht trifft auf die Fläche der Finsternis. Licht durchdringt die Finsternis. Die biblischen Bücher bezeugen immer wieder diesen Prozess des Eindringens des Lichtes in die Situation der Finsternis: *„Das Volk, das im Finstern lebt, sieht ein großes Licht, über denen, die im Land des Nicht-Wissens wohnen, strahlt ein Licht auf"*, so heißt es beim Propheten Jesaja (9,1). *„Das Licht leuchtet in der Finsternis."* (Johannes Evangelium 1,5). *„Jesus Christus kam als Zeuge, um Zeugnis abzulegen von dem Licht."* (Johannes Evangelium 1,7). *„Das wahre Licht, das jeden Menschen erleuchtet, kam in die Welt."* (Johannes Evangelium 1,9). *„Einst wart ihr Finsternis, jetzt aber seid ihr durch den Herrn Licht geworden. Lebt als Kinder des Lichts!"* (Epheser 5,8). *„Gott ist Licht."* (1. Johannesbrief 1,5).

Es gibt viele Zeugnisse in den biblischen Büchern, die beschreiben, wie Menschen in das Licht hinein erwachen. Und dieses Erwachen hat Auswirkungen auf ihr gesamtes Leben. Wie dieses Licht erfahren wird, ist unterschiedlich. Mir persönlich hat sich das Licht als Liebe gezeigt; als Liebe, die Himmel und Erde, die einfach alles durchdringt. Bô Yin Râ, Verfasser geistlicher Schriften, drückt seine Licht-Erfahrung folgendermaßen aus:

> Suchende Seele, wer du auch sein magst vor dir selbst – ergreife meine Hand und entschwebe mit mir der längst gewohnten Kerkerhaft … Zu lange schon hast du diese Fesseln getragen … Es geht auf die Reise in die Weite des Lichtes. Du fühlst, dass wir längst nicht mehr emporsteigen aus eigener Kraft, sondern dass jene unbeschreibliche Ursonne, die du jetzt im Innersten des … Raums erblicktest, mit magnetischer Gewalt alles erfasste, um uns in ihres Feuerlichtes Mitte einzusaugen.

Wer von diesem Licht erfasst wird, für den ist kein Rückweg in den Kerker mehr möglich. Im Licht beginnen die Wandlung und die Verbrennung im innersten Herzfeuer des Urlichtes. Das Licht führt aus jeder Verblendung und verengten Wahrnehmung heraus. Das Licht führt uns aus unserem Gefängnis heraus. Es löst die Finsternis nicht einfach auf. Die Erleuchtung verändert den Menschen noch nicht. Aber sie führt ihn auf einen Weg, der ihm vorher verschlossen war. Als Menschen haben wir immer die Freiheit, diesen Weg nicht zu gehen. Gleichzeitig aber wirkt eine Kraft in uns, die zum Vorwärtsgehen drängt. Es findet ein innerer Umbauprozess statt. Dieser kann sehr schmerzhaft sein, und kann auch in eine Depression führen. In einer solchen Situation ist es wichtig zu wissen, dass in uns eine Veränderung stattfindet, eine Umkehr, die wir nicht aufhalten können. Je mehr wir lernen, uns diesem Wandlungsprozess im Inneren hinzugeben, umso leichter gelingt es uns „rückwärts“ (hebräisch: *acharith*) in die Zukunft zu gehen.

Für den bedeutendsten deutschen Mystiker, Meister Eckhart, ist diese Einheit von Finsternis und Licht, von Nacht und Durchbruch in den Tag unvordenklich da. Sie bezeugt sich für ihn in der Gegenwart des *vünkelins in der Seele*, dem Seelenlicht. Dieses

Licht öffnet Menschen die Augen. Sie sehen im Licht Gottes, wer sie wirklich sind. Von diesem Licht schreibt auch der Trappistenmönch Thomas Merton:

> Im innersten Kern unseres Wesens gibt es einen Punkt, klein wie ein Nichts, an dem Sünde und Illusion nicht zu rühren vermögen. Es ist ein Punkt der lauteren Wahrheit, ein Punkt oder Funke, der ganz Gott gehört. Nie können wir über diesen Punkt verfügen, sondern Gott fügt von diesem Punkt aus unser Leben. Er lässt sich nicht von Phantasien unseres eigenen Geistes erreichen, er lässt sich nicht mit gewalttätigem eigenen Wollen erobern. Dieser kleine Punkt der Nichtigkeit und der absoluten Armut ist der Punkt der reinen Herrlichkeit Gottes in uns. Er ist sozusagen der Name Gottes, der in unser innerstes Wesen geschrieben ist, als unsere Armut, als unsere Bedürftigkeit, als unsere Abhängigkeit, als unsere Gotteskindschaft. Er ist wie ein reiner Diamant und funkelt vom unsichtbaren Licht des Himmels. Er steckt in jedem Menschen, und wären wir imstande, ihn zu sehen, dann würden wir sehen, dass Milliarden solcher Lichtpunkte sich zum Gesicht und zum Strahlen einer Sonne vereinigen würden. Ich kenne kein Programm dafür, wie man dahin kommen kann, das zu sehen. Es kann einem nur geschenkt werden. Aber das Tor zum Himmel ist überall.

Am ersten Schöpfungstag scheidet Gott zwischen Licht und Finsternis. Gott scheidet zwischen Tag und Nacht. Für uns ist es wichtig, den Unterschied zu kennen zwischen Tag und Nacht, uns nicht blenden zu lassen vom Glanz und Schein der Menschen, die im Rampenlicht der Öffentlichkeit stehen und Trends und Meinungen bilden. Das Licht Gottes, das uns erleuchtet, führt weg von Oberflächlichkeit und Schein.

> Mag sonst alles Licht nur Tand und Gaukelei und Einbildung sein, die Liebe ist es nicht. Denn das Kohlebecken, auf dem sie brennt, ist die Ewigkeit selbst, die weder Anfang noch Ende hat.
> (Nizami, islamischer Mystiker)

Tag und Nacht sind geschieden und bilden doch gemeinsam einen Tag. Beide gehören sie zu unserer Existenz dazu. Tag und Nacht sind keine Zeitabschnitte, sondern Existenzweisen. Nacht ist der Bereich unserer Existenz, der im Verborgenen liegt. Die Nacht, die Finsternis will ins Licht gehoben und erlöst werden. Man kann sie nicht übergehen, ihr nicht ausweichen, sie nicht verdrängen. Es bedarf keiner tiefsinnigen Einsicht, um zu erkennen, dass Tag und Nacht auch die Begegnung mit unserem eigenen Schatten versinnbildlichen. Wir selbst sind Finsternis und Licht. Die Finsternis ist aber keine Substanz in uns. Das Dunkle und Böse aktualisiert sich in unserem Leben normalerweise nur in konkreten Situationen, es sei denn, wir haben das Böse in uns entfaltet und ihm Raum gegeben. Kriegsverbrecher z.B. entwickeln eine Parallelpersönlichkeit. Wir wundern uns oft, dass sie gleichzeitig liebende Familienväter und Menschenschlächter sein können. Sie haben zwei Persönlichkeitsanteile in sich entfaltet, den tyrannischen wie den herzlichen. Übergangslos können sie die Personen in sich wechseln. Für Außenstehende sind diese Menschen unberechenbar, weil man nie im voraus weiß, mit welchem Teil der Persönlichkeit man es gerade zu tun hat.
Wir besitzen einen freien Willen. Wir entscheiden uns in jeder Situation, das Gute oder das Böse zu tun. Gerade in diesem Wissen um die schwierigen und die heilsamen Kräfte und Möglichkeiten in uns findet sich der Weg in die weiteren Schöpfungstage. Das Licht in uns lehrt uns, von unserem rücksichtslosen, selbstzerstörerischen, tyrannischen Treiben Abstand zu nehmen. Das Licht befreit uns von der Illusion eines idealen Selbst und von unserer Erstarrung in eingebildeter Vollkommenheit. Es befreit uns ebenso von unseren negativen Selbstbildern, von unserer Vorstellung, unvollkommen, hässlich oder eine Missgeburt zu sein.

Und es ward Abend und es ward Morgen, ein Tag

In der jüdischen Tradition beginnt der Tag mit dem Abend, schreitet durch die Nacht hindurch, erwacht in den strahlenden Morgen hinein und entfaltet sich während des Tages bis zum Abend. Ein Tag ist das Leben. Der Abend ist im Hebräischen *eräv*, der Morgen *bokär*. Und so wird spirituell auch das Leben gesehen: Es beginnt am Abend. In der Lebensmitte befinden wir uns im Übergang von der Nacht zum Tag. Mit dem Anbrechen des Morgens beginnt unser Durchbruch ins Licht. *Bokär*, Morgen, meint Durchbruch. Die Finsternis wird vom Licht durchbrochen. Durchbruch ist der Morgen der Existenz; er geschieht, wenn wir das Licht der Welt erblicken und vor allem, wenn wir existentiell in unsere Essenz, in Gott hinein erwachen. Alle Mystiker und Mystikerinnen berichten von diesem Tag des Durchbruchs, der ihr Leben vollkommen gewandelt hat.

> Eines Tages
> war ich wieder von dieser tiefen Traurigkeit erfasst.
> Ich wusste nichts von mir
> und verstand mich nicht.
> Aber da erhob ich mich zu Gott wie in einem großen Sturm.
> Alles, was in mir ist, erhob sich,
> meine Gedanken, mein Wille, und ließ nicht nach.
> Ich kämpfte um die Liebe und Barmherzigkeit Gottes ohne nachzulassen.
> Ich wollte nicht aufhören, ehe er mich denn gesegnet hätte,
> ich wollte verstehen, was er mit mir vorhätte,
> und meine Traurigkeit ablegen –
> da brach der Geist durch.
>
> Ein großes und starkes Licht sah mein Geist,
> und in ihm schaute ich durch alle hindurch.
> In diesem Licht erkannte ich Gott an allen Kreaturen,
> auch an Kraut und Gras. Ich erkannte, wer Gott sei,
> was und wie er sei,
> und was er sich vornehme in seinem Willen.
>
> (Jakob Böhme)

Der Tag eins bedeutet also das Einbrechen der Wirklichkeit Gottes in unser Bewusstsein. „Es ist ein Durchbruch des Menschen in Gott, weil Gott je schon durchgebrochen ist durch die harten Strukturen und Systeme menschlicher Verkrustungen.“ (Meister

Eckhart). Der Schöpfungstag eins versinnbildlicht unseren Durchbruch, unser Erwachen in das Licht. Aber er hebt die Finsternis in uns nicht auf. Er schenkt uns die Fähigkeit, zu unterscheiden zwischen dem, was Licht und was Finsternis ist. Wir werden Zeugen und Zeuginnen des Lichts und der Finsternis. Wir lernen, unsere Welt genauer zu betrachten, nicht wegzuschauen bei Ungerechtigkeit und Gewalt. Wir werden Zeugen der Finsternis und des Lichts in der Welt. Am Tag eins wird das Licht von Gott als gut qualifiziert, die Finsternis erhält kein Attribut. Der Tag selbst wird nicht bewertet.

Meine Erfahrung mit dem Tag Eins der Schöpfung

Ich weiß noch genau, wann und in welcher Situation das Licht in mein Leben trat. Ich war damals politisch sehr aktiv und gleichzeitig atheistisch. Ich urteilte selbstgerecht und überheblich. Nur in meinen Träumen erkannte ich, welche Nacht in mir herrschte und welcher Geist erlöst werden musste. Zum Glück ging ich für ein paar Monate ins Ausland. Dort eröffneten sich mir neue Welten, ich konnte viele neue Einsichten gewinnen. Ich lernte Menschen aller Religionen kennen und schätzen. Und dann öffneten sich mir Himmel und Erde als Liebe. Ich erfuhr und verstand: Alles ist Liebe und durchdrungen von Liebe. Es gibt keine andere Wirklichkeit als Liebe. Diese Erfahrung war so umwälzend, dass sie mein Leben grundlegend veränderte. Ich erkannte, wie blind ich mit meinem Alltagsbewusstsein gewesen war und bin. Mein Bewusstsein wollte sich je neu erweitern. Diese Veränderung hält seitdem als ein unabgeschlossener, lebenslanger Prozess des Erkennens an. Der „alte" Mensch sitzt in jeder Zelle meines Körpers und der „neue" Mensch wird nur langsam durch mich hindurch geboren. Es ginge schneller, wenn ich mich radikaler auf den Geburtsprozess einlassen würde. Aber ich finde immer Gründe und Ausflüchte, um dem „alten Schlendrian" weiterhin frönen zu können. Meine Erfahrung ist, dass es hilft, sich mit anderen Menschen, die auch im Geburtsprozess stehen, zu verbinden. Mir wurde in diesem Zusammenhang ein Schöpfungsgedicht wichtig.

Du wirst nicht sterben,
nicht wie ein Bach die Wüste versickern.
Du wirst die Grenze durchbrechen,
du wirst ein neues Ufer erreichen.

Du wirst neu denken und fühlen
mit neuem Leib, mit neuer Seele,
im neuen Himmel, auf neuer Erde,
oben und unten,
arm und reich,
stark und schwach,
Heimat und Fremde,
Tage und Nächte,
Lust und Schmerz
werden verblassen.

Du wirst nichts wollen,
du wirst nur sein.
Du wirst dir und wirst uns
nahe sein wie nie zuvor.

Du wirst dich wie ein Wassertropfen
mit dem Meer verbinden.

(Quelle unbekannt)

Übung

Ich möchte zu einer Übung einladen. Setzen Sie sich dazu aufrecht hin, schließen Sie, wenn es Ihnen möglich ist, die Augen, und lassen Sie sich von Ihrem Atem in Ihre Mitte führen. Beobachten Sie Ihren Atem nur, steuern sie ihn nicht. Wenn Ihr Atem zur Ruhe gekommen ist, lassen Sie sich Bilder aus Ihrer inneren Quelle schenken, zu folgenden Fragen:

Wer bin ich?
Was ist meine Erfahrung von *tohu wa bohu* (Beziehungslosigkeit)?
Was ist meine Erfahrung von Erleuchtung?

3 Der zweite Schöpfungstag

Da sprach Gott: Es werde eine Ausdehnung inmitten der Wasser.
Und werde ein Unterscheidendes zwischen Wassern und Wassern.
Gott machte also die Ausdehnung und sie schied zwischen den Wassern, welche unterhalb der Ausdehnung, und den Wassern, welche oberhalb der Ausdehnung sind.
Und es geschah so.
Da berief Gott die Ausdehnung als Himmel.
Es wurde Abend und es wurde Morgen: ein zweiter Tag.

Auslegung

Am zweiten Tag geht es um die Ausdehnung inmitten der Wasser und um die Unterschiedenheit zwischen den Wassern. Jene Ausdehnung wird an anderen Stellen der Bibel als Himmelsbläue bezeichnet, die sich über der Erde zu wölben scheint, gleich einem Zeltdach. Die Himmelsfeste ist nicht aus Wassern gemacht, sondern befindet sich inmitten der Wasser. Fünfmal ist am zweiten Schöpfungstag von der Ausdehnung die Rede. Am zweiten Tag macht Gott also nicht die Wasser unten auf der Erde und oben im Himmel, sondern er schafft die Ausdehnung inmitten der Wasser. Die Ausdehnung soll ein Unterscheidendes werden, und sie soll oberhalb und unterhalb scheiden. Die Ausdehnung wird von Gott als Himmel berufen. Schöpfung hat immer etwas mit Ausdehnung, mit Weite und weit werden, zu tun. Ein Himmel wird sichtbar.

Eine Erleuchtung hat verschiedene Aspekte. Sie bringt einerseits Licht in die Finsternis. Auf der anderen Seite erweitert sie das Bewusstsein. Sie führt in einen Raum der unendlichen Weite. Hinter dem eigenen Horizont beginnt sich die Weite des Universums auszudehnen. Unendliche Weite und Glückseligkeit bzw. leere Liebe sind die Erfahrungen der Erleuchtung. Alles Leben strebt zum Licht, nicht zur Finsternis. Wir werden aus unserer Begrenzung und Begrenztheit, aus Angst und Enge herausgeholt. Unsere Blickrichtung ändert sich. Sie führt uns weg von Konzepten, Ideen und Ideologien. Sie lässt uns erkennen: alles hängt mit allem zusammen. Der andere, das bin ich. Die Welt, das bin ich.

Rabbi Abraham Joshua Heschel beschreibt, wie ihn diese Erkenntnis wie ein Blitz in seinem Dunkel getroffen hat:

> Unerwartet brach ein Augenblick herein, der einem Donner gleicht, wie ein Blitz aus der Finsternis. Dieser Augenblick war von überwältigendem Glanz erfüllt. Alle Augenblicke des Lebens bündelten sich wie in einem Punkt. Das Unsagbare selbst hat in meiner Seele zu beben angefangen, es hat mein Bewusstsein wie ein Lichtstrahl getroffen. Die Brechung dieses durchdringenden Strahls erwirkte eine Wandlung meines Denkens und die Änderung meiner Blickrichtung. Gottes Aufmerksamkeit überwältigt und durchdringt mich plötzlich. Er ist in mir und jenseits alles Seienden. Ein Zittern erfasst meine Lippen und ein Schrei löst sich aus der innersten Mitte meines Herzens. Es ist ein Wort: Gott. Gott ist eine Macht, die uns die Welt aus den Grenzen unserer Vorstellungen heraus reißt. Ohne mein Zutun hat sich die Perspektive verschoben. Meine eigenen Augen sind auch die Augen des Anderen.

Das ist der Himmel, wenn sich meine Perspektive verschiebt und meine Augen die Augen des Anderen sind. Der Himmel ist der Ort, der die Herrlichkeit Gottes rühmt, die Schönheit der Höhe, die Klarheit des Firmaments, das Überwältigtsein bei seinem Anblick. *„Mit Einsicht hat Gott den Himmel befestigt."* (Sprüche 3,19). *„Durch das Wort Gottes wurden die Himmel geschaffen."* (Psalm 33,6). *„An der Ausdehnung über dem Haupte der Cherubim, das wie ein Saphir-Stein anzusehen war, gleich einem Throne, erschien er über ihnen."* (Ezechiel 10,1). *„Die Himmel erzählen die Herrlichkeit Gottes, und seiner Hände Werk verkündet das Firmament."* (Psalm 19,2). Der Himmel ist die Wohnung Gottes. Allerdings: der *„Himmel und aller Himmel Himmel können ihn nicht fassen."* (1. Könige 8,27).

Am zweiten Tag der Schöpfung bekomme ich also einen Geschmack von der Größe Gottes. Der Himmel öffnet sich für mich. Er ist unerforschlich. Er übersteigt alles, was ich fassen kann. Ich bekomme eine Ahnung von der Größe und Bestimmung des Menschen, nämlich vollkommen zu sein, wie der Gott des Himmels und der Erde vollkommen ist: Ebenbild Gottes zu sein. Zu dieser Vollkommenheit und Größe, zum Himmel, gehört auch die ethische Vollkommenheit.

> *Ich, der Herr, der die Himmel schafft und ausdehnt, der die Erde macht und ihr Gewächs, der dem Volk auf ihr den Odem gibt und den Geist denen, die auf ihr gehen: Ich, der Herr, habe dich gerufen in Gerechtigkeit und halte dich bei der Hand und behüte dich und mache dich zum Bund für das Volk, zum Licht der Völker, dass du die Augen der Blinden öffnen sollst und die Gefangenen aus dem Gefängnis führen und die da sitzen in Finsternis aus dem Kerker.* (Jesaja 42,5)

Gott schafft also die Himmel als Ausdehnung. Der Sinn der Ausdehnung ist die Berufung zur Gerechtigkeit, ist der Bund für das Volk Israel, letztlich für die Menschheit. Der bzw. die Berufene hat den Auftrag, selbst Licht zu sein, die Augen der Blinden zu öffnen und die Gefangenen aus dem Gefängnis der Finsternis zu führen. Die Vision des Himmels ist die Umsetzung von Gottes Gerechtigkeit. *„Die Himmel künden Seine Gerechtigkeit."* (Psalm 40,10). Diese Vision des Himmels verbindet uns Menschen, gibt uns eine Ausrichtung auf eine umfassende Offenheit und unendliche Weite. Der Sinn der Ausdehnung ist, wie gesagt, Gefangene aus dem Gefängnis der Finsternis zu führen. Die Ausdehnung und Scheidung wird auch in der Exodusgeschichte versinnbildlicht, wo die Wasser des Schilfmeeres geschieden werden und das Volk in die Freiheit geführt wird.

Ein kleiner Exkurs in die Exodusgeschichte

In der Exodusgeschichte geht es um den Auszug aus dem Sklavenhaus. Die Geschichte spiegelt einen langen Prozess der Reifung wider. Ich möchte dazu einladen, dass wir alle Protagonisten der Exodusgeschichte in uns selbst wahrnehmen. Da ist der Pharao, der alles unter seiner Kontrolle halten und beherrschen will. Da ist Mose, der lernt, auf seine innere Stimme, auf Gott zu hören. Da sind Israel und die Ägypter. Die zehn Plagen bringen die einen dazu, loszulassen, die anderen dazu, aufzubrechen. Der Weg ist ungewiss. Das Ziel ist der Gottesberg. Nach dem Aufbruch kommt die Erfahrung der vollkommenen Ausweglosigkeit. Der Weg nach vorne ist versperrt durch das Schilfmeer. Der Weg zurück führt in den sicheren Tod, symbolisiert durch das Heer der Ägypter. Wie durch ein Wunder öffnet sich das Schilfmeer. Die Wasser teilen sich und geben, wie ein Geburtskanal, den Weg frei. Die Wasserwolke am Tag und die Feuersäule bei Nacht bilden das Geleit. Es sind flüchtige Zeichen, die erkannt werden wollen. Der Weg in die Freiheit führt nicht auf direktem Weg in das Gelobte Land, sondern zuerst in die Wüste. Täglich muss Vertrauen neu eingeübt werden. Der Weg der Ausdehnung, der Weg des Himmels, führt also nicht direkt in eine erlöste Lebensgestalt, sondern in die Erfahrung der Neuausrichtung, des Mangels, auch des Zweifels, des Streits und des Nicht-Wissens hinein. Am Gottesberg wird das Zusammenleben neu strukturiert, bekommt das innere und äußere Zentrum, der Tempel Gottes, ein neues Gesicht und neue Strukturen.

Zurück zur Schöpfungsgeschichte. Leben ist Ausdehnung. Leben beginnt mit der Geburt, mit der Ent-Bindung. Diese Ent-Bindung macht Leben, Freude, Leid, Krankheit und Tod erst möglich. Die Ent-Bindung, der Grund tiefster Freude, ist zugleich auch die Urkatastrophe des Lebens. Wir werden aus der Einheit entbunden. Mit der Geburt beginnt der Prozess der Ausdehnung. Leben ist ein fortlaufender Prozess der Ausdehnung. Unser Lebensradius weitet sich in dem Maße, als wir uns bewegen und Beziehungen zu anderen Menschen aufnehmen können. In dem Maße, als wir sprachfähig werden, eröffnet sich uns die Möglichkeit, in ferne Länder zu reisen. Und in dem Maße, als sich unsere Fähigkeit zu denken und zu forschen entwickelt, vergrößert sich unser technischer Fortschritt und bietet sich die Möglichkeit, zu fernen Galaxien aufzubrechen. Die Ausdehnung unserer Intelligenz allein reicht aber, wie wir wissen, nicht aus. Wirtschaftliche Globalisierung allein reicht nicht aus. Auch unsere emotionale und spirituelle Intelligenz will sich ausdehnen. Das ist das Thema des zweiten Schöpfungstages.

Im Übergang vom ersten zum zweiten Tag lernen wir die Wirklichkeit kennen als voneinander getrennt und unterschieden. Alles ist eins, die Wasser oben sind identisch mit den Wassern unten, und doch ist das Eine geschieden. Einheit und Verschiedenheit sind die zwei Seiten der einen Wirklichkeit. Einheit und Verschiedenheit, das sind Himmel und Erde, das ist Mensch und Mensch. Das Ich und das Du sind eins und doch verschieden. Wir glauben oft, jeder Mensch müsse die Welt so wahrnehmen wie wir. Dabei unterscheidet sich die Welt eines jeden Menschen von der Welt eines anderen vollkommen, selbst wenn wir derselben Familie und demselben Kulturkreis angehören. Wenn zwei Menschen aufeinander treffen, dann müssen sie lernen, über ihre inneren Welten miteinander zu kommunizieren. Das macht das Zusammenleben so spannend, allerdings nicht nur einfach. Für mich grenzt es an ein Wunder, dass wir in der Lage sind, unsere inneren Bilder und Erfahrungen auszutauschen. Es gibt keine objektive Welt, sondern nur subjektive Wahrnehmung. Auf der Alltagsebene unseres Zusammenlebens haben wir deshalb Meinungs-verschiedenheiten, müssen wir uns auseinander-setzen, beginnen wir uns zu streiten. Martin Buber schreibt: „Der Mensch ist umso personhafter, je stärker in der menschlichen Zwiefalt seines Ich das des Grundwortes Ich-Du ist." Personwerdung geschieht durch die Begegnung mit dem Du, dem anderen. Person-werdung braucht das Gegenüber. Abraham Joshua Heschel drückt das aus in dem Satz: „Du bist mein Ich, ich bin dein Du." In diesem Gedanken wird die Verwiesenheit des Individuums auf sein Gegenüber deutlich. Die Begegnung mit dem von mir Verschiedenen eröffnet mir die Weite des Raumes meines Ich-Du. Das ist der Himmel. Das, was uns zutiefst verbindet, nämlich unser Menschsein, ist das, was uns auch am weitesten voneinander trennt. Gott ist Beziehung, ist ein Bundesgott. In Gott ist alles mit allem verbunden. „Die verlängerten Linien der Beziehungen schneiden sich im ewigen Du." (Martin Buber). Je mehr wir physische und psychische Intimität zulassen, je tiefer wir uns verbinden, desto mehr Verschiedenheit können wir leben. Wir weiten uns in dem Maße, in dem wir uns verbinden:

> Ich bin eins mit Gott. Ich bin eins mit den Menschen. Ich bin eins mit der Welt und dem Universum.
> Und ich bin unterschieden. Ich unterscheide mich von Gott.
> Ich unterscheide mich von den Tieren, von den Pflanzen, von den Steinen, von allen anderen Menschen.

Alles zeigt sich in der polaren Spannung: Ich/Du/Oben/Unten usw. Diese polare Spannung ist eine kreative Spannung. Sie hält uns geistig und psychisch in Bewegung. Heutzutage verwischen

Menschen der westlichen Welt gerne Unterschiede und betonen die Gleichheit aller Bürger. Das einzige, was uns aber zu Gleichen unter Gleichen macht, ist, dass wir alle verschieden sind. Wir sind nicht gleich, sondern in unserer Verschiedenheit eins. Einheit bedeutet etwas anderes als Gleichheit. Einheit meint, in der Tiefe unseres Wesens sind wir eins. Gott und Mensch sind eins und doch verschieden. Zur Einheit gehört wesensmäßig die Verschiedenheit. Als Gott den Menschen schuf, schuf er jeden einzigartig und verschieden. Wenn Menschen gleichgeschaltet werden, dann ist das ein Tod bringender Vorgang. Ken Wilber nennt das heutige Weltbild, den Wunsch, alles gleich zu machen, „Flachland". Dort hat nichts Tiefe und Sinn, nichts einen Wert und eine Perspektive. Alles ist oberflächlich. Das Himmelreich ist der Gegensatz zum Flachland: es ist die Tiefe des menschlichen Seins und Bewusstseins, seines Woher und Wohin, seines je eigenen Wertes und seines Sinnes. Der zweite Schöpfungstag besitzt das Attribut „gut" nicht, obwohl die Ausdehnung Himmel genannt wird. Vielleicht deshalb, weil es sich von selbst versteht, dass der Himmel oder die Himmel, dass die Vision von Gerechtigkeit gut ist. Die Ausdehnung besitzt allerdings auch ein hohes Spannungspotential. Der Prozess der Ausdehnung ist auch anstrengend und oft schmerzhaft. Die Ausdehnung erweitert unseren Horizont und unser Herz. Die Gabe der Unterscheidung hilft uns einerseits, die Vielfalt des Lebens zu erkennen. Doch der Umgang mit der Verschiedenheit ist nicht einfach.

In der Kabbala, der jüdischen Mystik, sieht Rabbi Isaak Luria in der Trennung, der Unterscheidung der Einheit in die Vielfalt, eine Katastrophe. In seinem Mythos vom „Zerbrechen der Gefäße" erzählt er die Geschichte der Schöpfung folgendermaßen:

> Um die Welt zu erschaffen, zog sich der Unendliche in sich selbst zurück. Er wollte damit dem Universum einen Platz geben. Die Grenze, die er zwischen sich und seiner Schöpfung schuf, sollte die Welt daran hindern, sich in ihm aufzulösen. Auf diese Weise schenkte er der Welt eine eigene Realität. Und doch ist Gott der Ort der Welt, Gott, dessen Welt nicht der Ort ist. In diesem Paradoxon leben wir

Menschen. Gott ließ den für die Welt freigemachten Raum nicht einfach leer; denn es gibt keinen Raum, der nicht von Gott erfüllt ist. In der Welt befindet sich die Fülle von Gottes Licht. In diesem Licht wird die Welt je neu geboren und in diesem Licht lebt alles, was ist. Dieses schöpferische Licht ergoss sich im Anfang der Welt in Gefäße, die dieses Licht aufnehmen sollten. Doch die Gefäße konnten das Licht nicht halten. Es kam zum Zerbersten der Gefäße. Die göttliche Gegenwart ist nun zerstreut und vereinzelt im Raum der Finsternis. Das Zerbrechen der Gefäße war ein kosmisches, ontologisches Ereignis. Es war eine ethische Katastrophe, als Adam und Eva sich der Illusion hingaben, von Gott getrennt zu sein. Der Sündenfall des Menschen und das Zerbrechen der Gefäße sind die zwei Seiten der einen Katastrophe. Es stellt sich die Frage, warum hat Gott keine Gefäße gehalten, die die Kraft des Lichtes halten und fassen konnten? Die Antwort ist: Gott will den Menschen zu seinem Schöpfungswerk mit heranziehen. Die Schöpfung wird in Gottes Erlösungswerk vollendet. Im Vollendungswerk der Schöpfung hat der Mensch eine herausragende Rolle und Aufgabe. Er soll das Licht der geborstenen Scherben wieder zusammenführen und so die Harmonie in der Menschheit und in der Welt wieder herstellen.

Die Wiederherstellung, die Erlösung, findet sowohl von Gott her wie vom Menschen her statt. Sie ist Gnade Gottes und Aufgabe des Menschen. Auch hier wird die Transzendenz betont bei gleichzeitiger Immanenz: „Gott ist der Ort der Welt, Gott, dessen Welt nicht der Ort ist.“ Gott ist unterschieden, so wie im Rahmen der Einheit von Himmel und Erde Trennung und Unterschiedenheit die Lebenswirklichkeit bilden.
Der zweite Schöpfungstag ist also der Tag der Unterscheidung, der Tag der Ausdehnung. Der Tag, der Himmel ist, bietet Weite und Freiheit. Er kann aber auch als Katastrophe erfahren werden. Die Zahl zwei bietet uns nicht nur ein Lebenshaus. Die Zwei beinhaltet auch Zweifel, Verzweiflung, Zwietracht, Zwielicht, Zwiespalt. Der Zweifel, die Skepsis, ist Teil unserer Existenz, unserer

abendländischen Kultur. Je mehr wir also unsere eigene Welt ausdehnen, je mehr Komplexität und Verschiedenheit wir zulassen in der Begegnung mit anderen Menschen, auch Menschen anderer Kulturen, desto mehr Himmel wird. Paulus spricht im 1. Korintherbrief von der Schönheit der Körper. Er meint damit nicht ihre Schönheit an sich, sondern er betont die Schönheit der Vielfalt und der Verschiedenheit. Jeder Körper hat seine eigene Schönheit, unabhängig davon, ob wir ihn als schön oder nicht schön empfinden. Der zweite Schöpfungstag führt uns hinein in die Ausdehnung unserer Welt, in die Erkenntnis der Schönheit, der mannigfachen Verschiedenheit. Er öffnet uns für Glückseligkeit und Gerechtigkeit. Während die Kräfte der Finsternis in uns die Menschen gleich machen wollen und deshalb Abweichler verfolgen und bekämpfen, weitet der Himmel uns aus und lehrt uns, die Verschiedenheit in der Einheit zu bejahen. Das Trennende ist auch das, was uns verbindet. Jede Verbindung kennt Zeiten der Entzweiung. Jede Einigung mündet wieder in einen Akt der Trennung. Trennung und Einigung sind die zwei Seiten einer Medaille. Die Wasser des zweiten Schöpfungstages sind dieselben und doch geschieden.

Wie der Tag Eins ermöglicht auch der zweite Tag einen Durchbruch: *Es ward Abend und es ward Morgen, der zweite Tag.* Der Durchbruch besteht am zweiten Tag darin, in der Verschiedenheit das Gesicht Gottes zu erkennen. Mutter Theresa symbolisierte mit ihrer Pflege von Sterbenden, die sie auf der Straße fand, diesen Durchbruch. Im Gesicht des anderen, in seinen Geschwüren, in seiner Erbärmlichkeit, in seiner Aggressivität, in seiner Hilflosigkeit, in seinem stinkenden Atem Gott oder Christus zu erkennen, das ist eine besondere Gabe. Die Himmelsfeste befindet sich innerhalb der Ausdehnung, innerhalb des Getrenntseins, innerhalb der Verschiedenheit. Das ist es, was der zweite Tag uns zeigt.

Meine Erfahrung mit dem zweiten Schöpfungstag

Den zweiten Tag erfuhr ich in meinem Leben besonders in der Zeit, als ich versuchte, meinen eigenen Lebensentwurf zu leben. Ich wollte nach dem theologischen Examen vor allem Gemeindemanagerin sein, so wie viele Kollegen und Kolleginnen mir das Idealbild vom Pfarrer und von der Pfarrerin vorlebten. Aber mein Körper machte nicht mit. Ich wusste nicht, was da in mir passiert, ich wehrte mich mit allen Mitteln gegen die Veränderungen in mir, die ich nicht beeinflussen konnte. Eine mir nahe stehende Tante sagte mir damals: „In dir passiert jetzt ganz viel, mehr als in den Zeiten, in denen es dir anscheinend gut geht. Nimm diesen inneren Ausdehnungsprozess an. Du wirst sehen, er wird dein Leben verändern.“ Und so war es. Im Nachhinein erkannte ich, wie umfassend der innerliche Umbauprozess in mir stattgefunden hatte, wie sehr ich ausgeweitet wurde. Ausweitung kann recht schmerzhaft sein. Aber der Prozess der Ausweitung führte mich letztlich zu neuen Orten im In- und Ausland, zu Orten der Stille, der Arbeit, des spirituell-politischen Engagements, zu all den suchenden Menschen, die ich vorher gemieden hatte. Dieser Prozess hält kontinuierlich an. Inzwischen erlebe ich ihn auch in frohen und lustvollen Momenten. Darüber bin ich glücklich.

Übung

Ich bitte Sie wieder, sich aufrecht hinzusetzen. Wenn möglich, schließen Sie bitte Ihre Augen. Lassen Sie sich von Ihrem Atem in Ihre Mitte führen. Wenn Ihr Atem zur Ruhe gekommen ist, lassen Sie sich Bilder aus Ihrer inneren Quelle schenken.

Ich gehe in die Tiefe und Weite des Himmels.
Was bewirkt Ausdehnung in meinem Leben?

4 Der dritte Schöpfungstag

Und Gott sprach: gesammelt werden sollen die Wasser unterhalb des Himmels an einem Ort, und sichtbar gemacht werde das Trockene.
Und so geschah es.
Da berief Gott das Trockene als Erde, und die Sammlung der Wasser berief er als Meere.
Und Gott sah, dass es gut war.
Und Gott sprach: Die Erde lasse aufgehen Gras und Kraut, das Samen bringt, und fruchtbare Bäume auf dem Land, die ein jeder nach seiner Art Früchte tragen, in denen ihr Same ist.
So geschah es.
Und die Erde ließ aufgehen Gras und Kraut, das Samen bringt, ein jedes nach seiner Art, und Bäume, die da Früchte tragen, in denen ihr Same ist, ein jeder nach seiner Art.
Und Gott sah, dass es gut war.
Und es wurde Abend und es wurde Morgen: ein dritter Tag.

Auslegung

Der dritte Tag der Schöpfung ist geteilt in zwei Schöpfungstaten: a. Das Trockene, das Land, wird vom Wasser, vom Meer geschieden. b. Das Land soll das Fruchtbare hervorbringen, jedes nach seiner Art. Der dritte Schöpfungstag ist der Tag der Konzentration und Begrenzung, der Tag, an dem der Mensch Boden unter den Füßen findet und Frucht bringen kann. *„Die Frucht der Gerechtigkeit ist ein Lebensbaum."* (Sprüche 11,30). Er stellt die Konkretisierung des zweiten Schöpfungstages dar. Stand am zweiten Tag die Ausdehnung, der Himmel, im Zentrum, so ist am dritten Schöpfungstag die Konzentration und Begrenzung im Mittelpunkt. Die Sammlung der Wasser und die Offenlegung der Erde schaffen allein noch nicht das Neue. Am dritten Tag geschieht das Neue mit Hilfe der Begrenzung an einem Ort. Die Wasser werden begrenzt und sichtbar wird das Trockene. Begrenzung und Sammlung gehören zusammen. Das Trockene ist der Wohnsitz der Menschen. Gott beruft das Trockene als Land. Die Wasser werden berufen als Meere. Sammlung, wir können auch sagen, Konzentration, und Begrenzung bilden die Voraussetzung für das Fruchtbringen. Das ist auch die Erfahrung unseres Lebens. Wir müssen uns im Leben entscheiden, uns begrenzen, uns fragen, was uns wesentlich und was uns unwesentlich ist. Im Bild *das Trockene* ist wiederum ein Anklang an die Exodusgeschichte und an die Sintflutgeschichte zu finden. Nachdem die Wasser des Schilfmeeres sich geteilt haben, gehen die Israeliten auf dem Trockenen mitten durch das Meer. In Psalm 106,9 heißt es: *„Er schalt das Schilfmeer, da wurde es trocken, und führte sie durch die Tiefen wie durch trockenes Land."* Am Ende der Sintflutgeschichte heißt es: *„Da tat Noah das Dach von der Arche auf und sah, dass das Land trocken war."* (Genesis 8,13 ff.). Im Begriff *Trockenheit* schwingen also noch andere Bilder mit. In der apokalyptischen Literatur, im Henochbuch, wird die Hölle beschrieben als ein Ort, an dem es keinen Boden unter den Füßen und keinen Himmel gibt. Das Reich Gottes dagegen ist gekennzeichnet durch den Boden unter den Füßen und durch die Weite des Himmels. Wenn die Israeliten auf dem Trockenen mitten durch das Meer ziehen, während für das Heer der Ägypter das Meer der Ort des Untergangs ist, dann wird deutlich, dass das Trockene Voraussetzung ist für das Leben überhaupt. Unbegrenztes Wasser symbolisiert den Tod. Wenn Konturen verwischen, dann braucht es die Konzentration, die Meditation, den Weg der Klarheit und Mitte. Die gegenstandsfreie Meditation, wie Zen oder Kontemplation, führt (bezogen auf die Meditation) in diese Erfahrung der Trockenheit und Sammlung. In der Meditation ist unser Atem der Geburtskanal, der uns immer tiefer hindurchführt durch das Meer der Gedanken und Gefühle – hin zur torlosen Schranke. Wer diese Schranke durchschreitet, dem öffnet sich ein Raum von unendlicher Weite, ein Raum des Nicht-Wissens und der Glückseligkeit. So muss es Israel ergangen sein, als es das Schilfmeer durchquert hatte. Doch das Glück hält nicht einfach an. Es bedarf großer Konzentrationsleistung und Arbeit, das Trockene auszuweiten. Die Weite des Raumes hat ihre Entsprechung in der Zentrierung aller inneren und äußeren Kräfte. Trockenheit, die Scheidung von Trockenem und Land, die Begrenzung und Konzentration, sind die Voraussetzungen für Wachstum. Auf sumpfigem Grund gedeiht nicht viel. Um Boden unter unseren Füßen zu finden, brauchen wir

Menschen trockenes Land. Wer alles will, verliert sich in der Zerstreuung. Das Thema „Zerstreuung" ist das große Thema des Judentums. Zerstreuung unter die Völker hat Israel als Strafe erfahren. Deshalb ist im Judentum der Gegenbegriff zur Zerstreuung, nämlich der Bund, die Sammlung, und konkretes Handeln, das Fruchtbringen, von so großer Bedeutung. Unter der Bedingung von Himmel, trockenem Land und Meer / Wasser entsteht Frucht, je nach seiner Art. Das Land, die Erde beginnt unter dem Wort Gottes fruchtbar zu werden.

Am dritten Tag heißt es nicht, es werde Gespross, sondern *„sprießen lasse die Erde Gespross!"* Es geht darum, dass das Land, dass das Leben selbst, Fruchtbarkeit aus sich entstehen lässt. Der Fruchtbaum hat seinen Samen in sich, aus dem ein neuer Baum wachsen wird, nach seiner Art. Wir Menschen haben unsere je eigene Begabung. Gott will eine lebendige Welt; Wesen, die ihren eigenen Weg gehen, die die Erde füllen und sich gemäß ihrer Gestaltungsfreiheit bewegen. Die Rabbinen entnehmen diesen Worten, *Sprießen lasse die Erde Gespross!* nach Aussage des Theologen und Religionswissenschaftlers Pinchas Lapide, dass Gott eine Schöpfung will, die sich selbst weiter entfaltet, die vorwärts und aufwärts drängt. Gott hätte doch Bäume und Früchte selbst schaffen können. Er aber wollte am Schöpfungswerk Mitarbeiter und Mitarbeiterinnen teilhaben lassen, denen er freie Kreativität gewährt. Es geht um die je einzigartige Fruchtbarkeit unseres Menschseins. Kein Mensch ist ersetzbar. Jeder einzelne ist ein einmaliger Ausdruck des Lebens Gottes. Er oder sie ist der Schatz im Acker. Er oder sie ist ein unverwechselbares Blatt am Baum des Lebens. Der Baum versinnbildlicht die Macht, Kraft und Fähigkeit, Frucht zu bringen. *„Wohl dem, der nicht wandelt im Rat der Gottlosen … sondern Lust hat am Gesetz des Herrn, und sinnt über seinem Gesetz Tag und Nacht! Der ist wie ein Baum gepflanzt an den Wasserbächen, der seine Frucht bringt zu seiner Zeit, und seine Blätter verwelken nicht. Und was er macht, das gerät wohl."* (Psalm 1).

Menschen finden Boden unter ihren Füßen, indem sie sich der je eigenen Bedeutung und Begrenztheit bewusst werden. Jeder hat seine und jede hat ihre je eigene Berufung. Wir sind zu einem ganz bestimmten Zeitpunkt, unter bestimmten historischen Ge-

gebenheiten, in einem konkreten Land, in eine konkrete Familie hineingeboren, wir haben Begabungen und Fähigkeiten, aus denen wir einmalige Fertigkeiten entwickeln können. Gleichzeitig sind wir begrenzt in unseren Fähigkeiten, Fertigkeiten und Begabungen. Jeder Mensch, und sei er durch Krankheiten oder Behinderungen noch so eingeschränkt, besitzt jedoch die Fülle göttlichen Lebens. Dieses Leben ist unser Lehrmeister, unsere Lehrmeisterin. Intellektuell wie emotional und spirituell brauchen wir Schulung. In der Generationenfolge unterstützen die Älteren die Jüngeren darin, ihre Fähigkeiten zu entdecken und zu entwickeln, damit sie für die Gemeinschaft fruchtbar werden. Jeder und jede von uns ist geschaffen, um eine Sache in der Welt wieder in Stand zu setzen. Die Welt braucht uns, unsere je eigene und einmalige Fruchtbarkeit.

Am Ende von Psalm 1 heißt es: *„Was er macht, gerät wohl."* Machen hat mit Macht zu tun. Fruchtbarkeit hat mit Macht zu tun. Macht kommt von mögen, vermögen, können. Dort, wo wir mit unserer je eigenen Begabung und Fertigkeit gewünscht sind, wo wir Boden unter den Füßen bekommen und kreative Freiheit haben, wo wir spirituell, emotional und intellektuell genährt sind, bringen wir Frucht. Das meint, wir haben einen Himmel über uns und sind an den Wasserbächen gepflanzt. Wir sehen also, welche negativen Auswirkungen es hat, wenn, weltweit gesehen, Menschen heimatlos und unerwünscht sind, wenn ihre Begabungen brach liegen, wenn die Früchte, die sie bringen könnten, gar nicht gewollt sind. Das ist die Hölle. Am dritten Tag begegnen wir unseren kreativen Kräften, unserer Macht und unserer Fähigkeit zu gestalten, Samen zu legen für Entwicklungen. In der Jotamfabel im Richterbuch 9,7ff. wird beschrieben, was passiert, wenn Menschen die Macht, die sie haben, nicht ausfüllen. Abimelech, der uneheliche Sohn Jerubbaals (Gideons), will die Herrschaft seines Vaters an sich reißen. Er ermordet seine 70 Brüder. Jotam, der jüngste der Brüder, ist der einzige, der überlebt. Er erzählt die folgende Fabel:

> Die Bäume gingen hin, um einen König über sich zu salben, und sprachen zum Ölbaum: sei unser König! Aber der

Ölbaum antwortete ihnen: soll ich meine Fettigkeit lassen, die Götter und Menschen an mir preisen, und hingehen, über den Bäumen zu schweben? Da sprachen die Bäume zum Feigenbaum: Komm du und sei unser König! Aber der Feigenbaum sprach zu ihnen: Soll ich meine Süßigkeit und meine gute Frucht lassen und hingehen, über den Bäumen zu schweben? Da sprachen die Bäume zum Weinstock: Komm du und sei unser König! Aber der Weinstock sprach zu ihnen: Soll ich meinen Wein lassen, der Götter und Menschen fröhlich macht, und hingehen, über den Bäumen zu schweben? Da sprachen alle Bäume zum Dornbusch: Komm du und sei unser König! Und der Dornbusch sprach zu den Bäumen: Ist's wahr, dass ihr mich zum König über euch salben wollt, so kommt und bergt euch in meinem Schatten; wenn nicht, so gehe Feuer vom Dornbusch aus und verzehre die Zedern Libanons.

Jotam macht mit dieser Fabel nicht nur Abimelech verantwortlich für das Massaker, sondern auch die Brüder, die ein Machtvakuum produziert hatten. Obwohl sie machtvoll waren, haben sie die Macht der Regierung nicht angenommen und gelebt. Das Machtvakuum wurde von dem genutzt, der der ungeeignetste Regent war, Abimelech. Er war ein Dornbusch, er demütigte und verbrannte. Die Menschen seiner Stadt hatten ihn finanziell und ideell unterstützt, obwohl sie wussten, wie armselig er war und was er vorhatte. Wie aktuell diese Geschichte ist!
Am dritten Schöpfungstag kommen wir in Kontakt mit unserer je eigenen Berufung und wachsen in unsere Macht hinein. Macht ist ein Urphänomen. Macht existiert vor dem Menschen bereits in der Natur. Schamanen, Häuptlinge und HeilerInnen waren/sind Menschen, die die geheimnisvollen Mächte und Kräfte der Natur, des Kosmos, zugänglich machen. Die klassische Definition von Max Weber, dem „Großmeister" der deutschen Soziologie, lautet: „Macht ist jede Chance, innerhalb einer sozialen Beziehung den eigenen Willen auch gegen Widerstand durchzusetzen." Doch diese Definition hat ein Menschenbild vor Augen, das unverbunden und egozentrisch ist. Es war die Ent-

deckung der Aufklärung, dass man Macht braucht, um sich gegen Unrecht zu wehren. Darin liegt ein Fortschritt. Doch Macht ist mehr als ein Mittel zum Zweck. Macht ist nicht nur die Macht des anderen, gegen die ich mich wehren muss, sondern ich selbst besitze Macht, Seinsmacht, selbst wenn ich mich als ohnmächtig erfahre, so Niklaus Brantschen. Zur Macht gehört immer auch die Demut. Demut heißt, sich seiner Grenzen bewusst zu sein und sich von anderen begrenzen zu lassen. Im zweiten Buch Mose steht die Berufungsgeschichte des Mose. Er wird von Gott gefragt, was er in der Hand habe. Mose sagt: Einen Stab! Gott fordert ihn auf, den Stab wegzuwerfen. Da wird aus dem Stab eine Schlange. Das ist die Lehre, sagt die Religionspädagogin Ursula Früchtel: wer sich weigert, in seiner Macht zu stehen, dessen Kraft und Macht richtet sich gegen ihn selbst. In einem zweiten Akt wird Mose aufgefordert, seine Hand „in den Bausch seines Gewandes" zu stecken. Als er sie wieder herauszieht, ist sie voll Aussatz. Mose soll dadurch begreifen, dass seine Hände vom Nichtstun nicht sauber oder unschuldig bleiben. Mose muss entsprechend seiner Berufung handeln, Frucht bringen. Wenn er nicht handelt, richten sich seine Fähigkeiten gegen ihn selbst und gegen die Welt. Nicht nur unser Tun hat Schöpfermacht. Auch unsere Gedanken und Worte sind wirkmächtig. Es gibt, wie Niklaus Brantschen sagt, nicht nur die „normative Kraft des Faktischen", sondern auch die „normative Kraft der erwarteten Zukunft". Wenn wir unserer Begabung und Macht nicht trauen, wenn wir uns und andere klein machen, wenn wir überhaupt das Leben sinnlos reden oder das Heil nur von anderen erwarten, dann bleiben wir in der Finsternis stecken.

Und Gott sah, dass die Sammlung und Begrenzung gut war. Er sah, dass das Fruchtbringen gut war. *Da ward aus Abend und Morgen der dritte Tag.* Der Durchbruch des dritten Tages erfolgt, indem uns die Augen aufgehen angesichts der Einzigartigkeit jedes Menschen, jedes Geschöpfes. Aber wir erkennen auch, dass wir allein mit unserem Alltagsbewusstsein die Lösung unserer Probleme nicht finden können. Es braucht den nächsten Schritt, den vierten Schöpfungstag.

Meine Erfahrung mit dem dritten Schöpfungstag

In meiner eigenen Geschichte fand ich Boden unter meinen Füßen, indem ich mich verbunden habe mit spirituellen Menschen, vor allem im Katharina-Werk, die die erwartete Zukunft bereits heute leben. Aus dieser Verbindung heraus konnte ich mich dafür entscheiden, alle Mangelsituationen, die ich erlebt hatte, zu verlassen. In Psalm 23 heißt es: *„Gott ist mein Hirte, ich habe keinen Mangel."* Das stimmt. Ich bin gesegnet mit einem Herz, ich kann lieben. Ich habe einen Verstand, ich kann denken. Ich habe Hände, ich kann geben und empfangen. Ich habe Füße, ich kann mich bewegen. Ich habe fünf Sinne und meine Intuition, ich kann so vieles erfassen. Ich habe eine religiöse Begabung. Meine Stärke liegt in meinem Zugang zur Mystik, in meiner Fähigkeit zur Hingabe und in meiner Wandlungsfähigkeit. Ich besitze ein großes Interesse an den Erfahrungen von Menschen, auch Menschen verschiedener Religionen und Kulturen. Ich arbeite in gewissem Sinn grenzüberschreitend. Mit Gleichgesinnten suche ich einen Weg, unsere christlichen Kirchen von innen heraus zu erneuern. Ich kann Menschen in ihren Lebensprozessen begleiten und ihnen helfen, ihr Leben zu deuten.

Übung

Ich bitte Sie wieder, sich aufrecht hinzusetzen. Wenn möglich, schließen Sie bitte Ihre Augen. Lassen Sie sich von Ihrem Atem in Ihre Mitte führen. Wenn Ihr Atem zur Ruhe gekommen ist, lassen Sie sich Bilder aus Ihrer inneren Quelle schenken.

Ich gehe in die Vorstellung der Weite und Ausdehnung.
Ich sammle mich ein, vertiefe mich – baue eine Energie auf:
Diese Sammlung bringt Macht, Begabungen, Können, Früchte hervor.
Was ist meine Macht, meine Begabung, mein Können?
Was sind die Früchte meines Lebens?

5 Der vierte Schöpfungstag

Da sprach Gott: Es seien Lichter an der Ausdehnung des Himmels, damit sie scheiden zwischen dem Tag und der Nacht, und seien für Zeichen, für Zeiten und für Tage und Jahre, und sie seien Lichter an der Ausdehnung des Himmels, um auf die Erde zu scheinen.
So geschah es.
Und Gott machte zwei große Lichter: ein großes Licht, das den Tag regiere,
und ein kleines Licht, das die Nacht regiere; dazu auch die Sterne.
Und Gott brachte sie an der Ausdehnung der Himmel an, damit sie auf die Erde schienen und den Tag und die Nacht regierten und schieden zwischen dem Licht und der Finsternis.
Und Gott sah, dass es gut war.
Und es wurde Abend und es wurde Morgen: ein vierter Tag.

Auslegung

Der vierte Tag ist der Tag der Transformation, des Durchgangs und Übersteigens des Alltagsbewusstseins. An diesem Tag geht es noch einmal um die Konfrontation mit Finsternis und Licht. Licht und Finsternis werden erneut geschieden. Der vierte Tag korrespondiert mit dem Tag eins. Als ich mir die Schöpfungsgeschichte vor einiger Zeit wieder vorgenommen hatte, war ich verwundert, dass am vierten Schöpfungstag wieder Licht von Finsternis sowie Tag und Nacht geschieden werden. Im Grunde genommen passierte das ja alles bereits am ersten Schöpfungstag. Dann fiel mir bei genauerem Hinsehen auf, dass der vierte Schöpfungstag nicht von Sonne und Mond redet, sondern von Lichtern an der Ausdehnung der Himmel spricht. Sonne und Mond gibt es als Begriffe auch in der hebräischen Sprache. Sie heißen *Schämäch* und *Jachea*. Aber sie tauchen in unserer Schöpfungsgeschichte nicht auf. Der Text sagt vielmehr: *es seien Lichter an der Ausdehnung des Himmels.* Die Lichter sind Subjekt des Geschehens. Sie scheiden zwischen dem Tag und der Nacht. Sie scheiden zwischen dem Licht und der Finsternis. Die Lichter sind zu Zeichen, zu Zeiten, zu Tagen und zu Jahren. Ich interpretiere das so, dass Menschen selbst Licht werden, zuerst zeichenhaft, dann zu gewissen Zeiten, später tagelang, am Ende auf Jahre hinaus. Wir Menschen sind Träger und Trägerinnen des Lichtes. Gott machte ein großes Licht, das den Tag regiert, und ein kleines Licht, das die Nacht regiert. In alten christlichen Gebetstexten ist Christus das große Licht des Tages und Maria das Licht der Nacht. Wir tragen die Christuswirklichkeit und die Mariens, der Gebärerin, in uns. Dazu leuchten die Sterne. In den Apostolischen Konstitutionen, einem sehr frühen liturgischen Text, heißt es: „Gott hat die Sterne an den Himmel gesetzt, zum Trost in der Finsternis." Sterne symbolisieren Menschen, die zu Leitsternen in unserem Leben geworden sind. Im Danielbuch wird hervorgehoben: *„Und die Männer, die viele zum rechten Tun geführt haben, werden immer und ewig wie die Sterne leuchten."* (Daniel 12,3). Im Philipperbrief werden Menschen angesprochen als Kinder Gottes, die leuchten wie Sterne im Kosmos. Von den Lichtern heißt es am vierten Schöpfungstag, sie sollen auf die Erde scheinen und den Tag und die Nacht regieren, im Sinne von beherrschen. Die Lichter sollen herrschen, nicht die Finsternis. Während am ersten Schöpfungstag nur das Licht als „gut" qualifiziert wurde, wird am vierten Tag das ganze Geschehen der Scheidung von Licht und Finsternis von Gott als „gut" angesehen. Ich möchte wieder dazu einladen, die Sprachbilder des vierten Schöpfungstages mit der je eigenen Erfahrung zu füllen. Wie wir sehen, können wir die biblischen Texte auf vielfache Weise lesen, es kommt auf unsere Brille an, mit der wir die Texte beurteilen. Wir können sie als harmlose Erzählungen ansehen oder uns hineinnehmen lassen in unseren eigenen Prozess der Neuschöpfung und Auferstehung.

Während es am ersten Schöpfungstag um die Erfahrung der Erleuchtung ging, so wird am vierten Schöpfungstag die Erleuchtung manifest, sie wird zur Erfahrung der Auferstehung. Das Licht ist nicht nur ein Moment im Leben, ein Kratzer im Bewusstsein; am vierten Schöpfungstag zeigt es sich vielmehr, ob wir bereit sind, uns in Richtung Gelobtes Land auf den Weg zu machen. Das Gelobte Land ist Neuland. Noch niemand hat es betreten, auch wenn es bewohnt ist. Ins Gelobte Land führen nur Lichter an der Ausdehnung des Himmels. Sterne leuchten zum Trost in der Finsternis. Für den persönlichen Prozess geht es am vierten

Schöpfungstag um die Frage, wer über uns die Herrschaft hat, ob es das Licht ist oder die Finsternis. Es geht um unsere Entscheidung und um das Überschreiten einer torlosen Schranke. Der vierte Tag symbolisiert einen Weg ins Unbekannte, ins Neuland. Nur in tiefer Verbundenheit mit Gott, mit der unendlichen Liebe können wir uns vorantasten. Er ist das Licht, dem wir uns anvertrauen. Im Segen aus dem Buch Numeri heißt es: *„Der Herr lasse sein Angesicht über dir leuchten."* (6,25). Im Psalm betet David: *„Ja, du machst hell meine Leuchte, mein Gott macht meine Finsternis licht."* (18,29). *„Dein Wort ist meinem Fuß eine Leuchte, ein Licht für meine Pfade."* (119,105). So beten Menschen auf dem Pilgerweg des Lebens.

Was der vierte Schöpfungstag noch einmal verdeutlicht und hervorhebt, ist: Das Licht ist nicht außerhalb unserer Lebensrealität, ist nicht außerhalb der Finsternis zu finden. Wir Menschen träumen oft von einem Ort jenseits unserer Wirklichkeit. Aber die Bibel sagt, das Jenseits ist in dir. Auch in einem erniedrigten, durch Krankheit oder Gewalt beschädigten Körper ist die Fülle göttlichen Lebens. Paulus fordert uns Menschen, die wir die gegenwärtige Finsternis und Zerstörung erleiden, auf, das Lichtkleid Gottes anzuziehen. Er sagt, ihr müsst die Unsterblichkeit Gottes anziehen, denn das Tragen des Bildes des Himmlischen verändert das gegenwärtige Leben. Er enthüllt ein Geheimnis: wir werden nicht entschlafen, aber alle verändert werden: in einem *Nu*, in einem Augenblick, beim Schall der letzten Posaune. Die Theologin Claudia Jannsen interpretiert die Aussage des Paulus, dass es ihm nicht um den physischen Tod gehe, sondern um die Auferstehung von den Toten im Hier und Jetzt, in dem gegenwärtigen Leben und Augenblick. Es geht, wie Pia Gyger betont, nicht darum, das Leben zu haben, im Sinne von besitzen, sondern um die Seinsqualität des Lebens. Es geht darum, Auferstehungsleib zu werden.

Vor ein paar Jahren wurde ich gebeten, eine Frau kirchlich zu bestatten, obwohl sie kein Kirchenmitglied war. Sie hatte auch keinerlei religiöse Erziehung gehabt. Sie war, noch recht jung, an den Folgen eines Hirntumors gestorben. Ihrer Familie hinterließ sie zwei Gebete, die die Eltern völlig erschütterten. Das erste Gebet lautet:

> Lieber Herr Jesus, ich bitte dich, tritt du in mein Leben. Ich habe gehört, dass Du für meine Schuld und meine Fehler am Kreuz gelitten hast. Du tatest das aus Liebe zu uns Menschen. Ich bitte Dich, enthalte mir diese Liebe nicht vor; ich bin unsicher im Glauben an Dich. Offenbare Dich in meinem Leben. Wenn Du mich willst, führe mich zu Dir. Ich werfe alle meine Probleme auf Dein Kreuz. Als da wären Einsamkeit, Traurigkeit, mein seelisches Problem, wie meine körperlichen Leiden, mein Hirntumor, mein Auge. Dein Kreuz ist der Umschlagplatz, auf den ich meine Probleme und Sorgen werfe, wo Du sie in Segnungen verwandelst. Christus, schenke mir Deine Liebe.

Das zweite Gebet zeugt von ihrer Auferstehungserfahrung vor dem Tod:

> Gegen Angst: In meinem Denken und Handeln herrscht Übereinstimmung. Ich bin in tiefer innerer Ruhe und Harmonie. Ich fühle Gott in meiner Mitte. Einer mit Gott ist immer die Mehrheit. Gott ist ein verzehrendes Feuer, das alles ihm nicht Gemäße auflöst. Gott denkt, handelt und spricht durch mich. Ich vertraue auf die unendliche, kreative Macht in meiner Mitte. Gottes Liebe erfüllt meine Seele. Ich bin heil, stark und gesund, in allen Lebenslagen ausgeglichen und voller Friede. Wo auch immer ich beginne, es wird ein voller Erfolg. Innere Ruhe ist das Bewusstsein meiner Kraft. Hirntumor. Alles Leben ist innerer Wandel. Meine Gedankenmuster erneuern sich immer wieder. Ich denke selbständig. In meinem Denken betrachte ich alles vom ewigen, göttlichen Standpunkt. Gottes Liebe durchströmt mich und regeneriert mich jetzt. Ich bin zu vollkommenem Leben erwacht.

Nachdem die junge Frau dieses zweite Gebet formuliert hatte, sagte sie zu ihren Eltern, jetzt könne sie auch bei ihnen bleiben. Doch sie starb. Die beiden Gebete bringen für mich auf recht eindrückliche Weise den Durchgang durch den vierten Schöpfungstag zum Ausdruck. Die Finsternis ist präsent in Gestalt des Hirntumors und der damit verbundenen psychischen und physischen Probleme. Das erste Gebet ist voller Bitte um Führung, um Offenbarung, um Licht und Liebe. Das zweite Gebet ist ein Auferstehungsgebet. Auferstehung können wir nicht machen, aber sie geschieht in einem *Nu*, in einem Augenzwinkern, beim Schall der letzten Posaune.

Für mich ist es kein Zufall, dass der vierte Schöpfungstag die Mitte der sieben Schöpfungstage bildet. Es ist der Tag, der den Durchgang markiert von Kreuz und Auferstehung. Das Kreuz ist die Nahtstelle, an der, wie Pia Gyger sagt, sich jede echte Transformation vollzieht. Alles Wachstum, jede Erneuerung, geschieht im Durchgang durch ein Kreuz. Es bedeutet, durch den Schmerz des Loslassens und Sterbens hindurchzugehen, um in größerer Fülle und neuer Verbundenheit Auferstehung zu erfahren. Unser Körper trägt die Last und das Leiden einer sich in Entwicklung befindlichen Welt. Nicht nur das Individuum, auch der Organismus Welt befindet sich im Schöpfungsprozess durch die sieben Tage hindurch. Damit die Lichter unseren Tag und unsere Nacht regieren, braucht es unsere Erfahrung der Auferstehung von den Toten – mitten im Leben.

Die Theologin und Poetin Dorothee Sölle thematisiert die Auferstehung in ihrem Gedicht:

Über auferstehung

Sie fragen mich nach der auferstehung
sicher sicher gehört hab ich davon
dass ein mensch dem tod nicht mehr entgegenrast
dass der tod hinter einem sein kann
weil vor einem die liebe ist
dass die angst hinter einem sein kann
die angst verlassen zu bleiben
weil man selber gehört hab ich davon
so ganz wird dass nichts da ist
das fortgehen könnte für immer

Ach fragt nicht nach der auferstehung
ein märchen aus uralten zeiten
das kommt mir schnell aus dem sinn
ich höre denen zu
die mich austrocknen und klein machen
ich richte mich ein
auf die langsame gewöhnung ans totsein
in der geheizten wohnung
den großen stein vor der tür

Ach frag du mich nach der auferstehung
ach hör nicht auf mich zu fragen

Der vierte Tag erinnert an den Weg der Weisen aus dem Morgenland oder an den Weg der Frauen an das leere Grab. Es ist ein Weg, von dem sie nicht wissen, wohin er sie führt. Sie vertrauen allein dem Stern, dem Licht, das die Welt erleuchtet. Wenn wir die sieben Tage der Schöpfung auf eine senkrechte Linie malen, dann bildet der vierte Tag die Mitte. Wir können die Vertikale der sieben Tage durchbrechen mit Hilfe einer Horizontalen. Der vierte Tag bildet, christlich ausgedrückt, den Kreuzpunkt. Das Kreuz hat vier Richtungen: die aufsteigende Linie, die gleichzeitig eine absteigende Linie ist, und die Querlinie, die Trennlinie, die gleichzeitig eine Verbindungslinie ist. Das Kreuz, das sind wir, das ist unser Leib. Die Schöpfungstage sind unsere Körperzeit.
Der vierte Tag ist die Erfahrung, dass Erleuchtung nicht andauert. Gott erscheint uns am vierten Tag so weit entfernt wie noch nie. Gottverlassenheit ist die schlimmste Erfahrung im Leben. Sie ist Gottesfinsternis. „Mein Gott, mein Gott, warum hast du mich verlassen", mit diesen Worten beginnt der Psalm 22, so betet Jesus Christus im Garten Getsemani. Die süße Muttermilch der Gottesnähe, des Erleuchtetseins, ist aufgebraucht. Jedes Bild von Gott, jede Vorstellung von ihm ist verschwunden. Existentiell sind wir uns selbst, unserer je eigenen Finsternis ausgesetzt. Das Schlimmste, was einem Menschen in der Finsternis geschieht, ist, dass die Zeit dahinfließt ohne Unterbrechung. In der Finsternis erfahren Tagzeiten, Gebetszeiten, Wochentage und Jahreszahlen

eine besondere Bedeutung. Jede Unterbrechung, jede Möglichkeit der Neuorientierung und Neuausrichtung wird als Trost erfahren.
Ein Experte der Nacht, der Finsternis, ist Johannes vom Kreuz, ein spanischer Theologe und Seelenführer des 16. Jahrhunderts. Er gehörte dem Orden der Karmeliten an und versuchte, gemeinsam mit Theresa von Avila, den Orden der Karmeliten zu reformieren. Beide wollten das Ideal der Armut und das stille Gebet, die Kontemplation, im Orden stärker hervorheben. Gegen diese Reformationsbestrebungen erhoben sich einige Ordensoberen und warfen Johannes vom Kreuz 1577 in ein Klosterverlies. Im Klostergefängnis wurde er gefoltert und monatelang gedemütigt. Nach sechs Monaten des Aufenthalts gelang ihm, wie durch ein Wunder, die Flucht. In seiner Gefängniszelle machte Johannes vom Kreuz die für sein Leben und für sein Amt als Seelenführer wichtigsten Erfahrungen. Er beschreibt, wie seine Gebete in der Dunkelheit des Gefängnisaufenthaltes immer trockener wurden. Vorher war er bekannt gewesen für seine feurige Gottesliebe, seine anhaltende Glaubenspraxis und seine beispiellose Nächstenliebe. Doch im Gefängnis, in der Erfahrung der Nacht, hörte sein glühender Glaubenseifer auf. Etwas in ihm erstarb. Dies war für ihn genauso schlimm wie das Ausgeliefert-sein an die Feinde. Er beschreibt den Zustand der inneren Trockenheit in drei Phasen: Die erste Phase war die Nacht des Sinnes. Die Nacht des Sinnes meint, sein Leben hatte keinen Sinn mehr. Alle Fantasie, alle Leidenschaft und alle inneren Bilder hörten auf. Sein Leben wurde grau. Die zweite Phase war die Nacht des Glaubens. Die Liebe, die er vorher zu den biblischen Schriften und zum Gebet gehabt hatte, wurde schal. Er konnte nicht mehr glauben. Seine Hoffnung und sein Vertrauen waren erloschen. Die dritte Phase nannte er die Nacht Gottes. Er machte die Erfahrung, von Gott und der Welt verlassen zu sein. Für Johannes vom Kreuz wurden diese Nächte zu den wichtigsten Erfahrungen seines Lebens und Glaubens. In der Nacht des Sinnes lernte er, alles Wünschen, alles Begehren, alles Wollen hinter sich zu lassen. In der Nacht des Glaubens lernte er die Grenzen seines Verstandes und seiner Liebe kennen. In der Nacht Gottes erfuhr er die Gottver-

lassenheit wie Jesus am Kreuz. In der Nacht Gottes lernte er, in das Nicht-Wissen, in die Liebe aufzuerstehen. Er schreibt:

> Nächte sind Prozesse, die zur Verwandlung des „alten Adam" in den inneren Christus führen, und zwar mit Gottes nicht gleich verstehbarer Hilfe. Nächte sind die Erfahrung des inneren Unvermögens und der scheinbaren Gottverlassenheit, die Gott selbst zum Besten des Menschen wirkt. Gott reinigt in der Nacht das Herz des Menschen von der Sünde.

Die Aufgabe des vierten Tages besteht darin, verborgen in der Liebe, die innere Tür zu öffnen und Vertrauen zu setzen in unbekannte Prozesse und Wege. Für Johannes vom Kreuz ist Jesus Christus Vorbild. Er schreibt:

> Jesus war im Augenblick des Todes ganz vernichtet in seiner Seele, ohne Trost. Der Vater ließ ihn, menschlich gesehen, in absoluter innerer Trockenheit. Es war die größte gefühlsmäßige Verlassenheit. Doch in ihr vollbrachte er sein größtes Werk, das Werk der Liebe. Beim Tod Jesu verfinsterte sich sogar die Sonne.

Die dunkle Nacht wird oft als Kampf gegen die Macht der Finsternis erfahren. Martin Luther lebte tief in ihr und empfand den Angriff der dunklen Mächte als etwas, dem er nichts entgegensetzen konnte. Der Durchbruch kam für ihn, als er die angreifende Macht in sich selbst fand. Die Feindschaft gegen Gott begegnete ihm in der Gottesfeindschaft, die in seinem eigenen Herzen war. In dieser Erfahrung der Anfechtung entschloss sich Luther zu einer Neugeburt, er lernte, Gott neu auszusprechen. Gerade die dunklen Nächte empfand er als Erwählung, als Auszeichnung. Sie führten ihn in die Tiefe des menschlichen Herzens, in die Tiefe der Weltgeschichte und in die Tiefe der Begegnung mit Christus. Das, was ihm geschenkt wurde, war Gnade, dazu Entschlossenheit, Entschiedenheit und Freiheit.
Eine Mystikerin der Nacht war auch die Ordensfrau aus dem Karmel, Thérèse von Lisieux. Aus himmelstürmenden Idealen fiel sie eines Tages in ein schwarzes Loch. Sie schrieb:

> Sehen Sie dort unten das schwarze Loch, wo man nichts mehr unterscheiden kann? In einem solchen Loch bin ich mit Seele und Leib. Was für eine Finsternis!

Sie, die sich bislang niemals vorstellen konnte, dass ein vernünftiger Mensch die Existenz Gottes leugnen kann, betrachtete jetzt Atheisten als ihre Brüder und Schwestern. Sie durchlebte alle Phasen der Gottverlassenheit. Sie verlor den Durchblick. Der Gedanke an Gott gab ihr keine Sicherheit mehr, sondern wurde ihr zur Bedrohung. Allein in Maria sah sie ein Vorbild. Maria in ihrer hartnäckigen Treue zum Sohn Jesus, den sie nicht mehr verstand, dem sie aber fraglos vertraute. Dann geschah das für Thérèse Schlimmste. Sie konnte auch das Sterben nicht mehr als geraden Weg zu Gott sehen:

> Wenn Sie wüssten, in welche Finsternis ich versunken bin! Ich glaube nicht mehr an das ewige Leben. Mir scheint, dass es nach diesem sterblichen Leben nichts mehr gibt. Alles ist für mich verschwunden. Es bleibt mir nichts mehr als die Liebe. Liebe, die man nicht spürt.

Sie erlebte die Nacht des Nichts. Aus der finsteren Krise wuchs sie in einen bewussteren Glauben. Sie lebte nun Solidarität mit den Ungläubigen und grenzte sich nicht mehr selbstgerecht ab. Mehr und mehr begriff sie die Ungetröstetheit der Nichtgläubigen. *„Sie begegnet"*, wie Christian Feldmann in seiner Biographie über Thérèse von Lisieux schreibt, den Skeptikern und Ungläubigen nicht mehr in der privilegierten Haltung der Besitzenden. Sie teilt nicht aus, sie teilt. Sie ist eine von ihnen. Es gab Momente der Verzweiflung, in denen sie sogar daran dachte, sich das Leben zu nehmen. Doch am Ende wählte sie einen anderen Weg, den der Ganzhingabe an die Erlösung der Menschheit. Von einem ihrer letzten Gespräche ist folgende Aussage überliefert:

> Wenn mein Wunsch erfüllt wird, werde ich meinen Himmel bis zum Ende der Welt auf Erden verbringen. Ja, ich will meinen Himmel damit verbringen, Gutes auf Erden zu tun. Ich werde keine Ruhe finden können bis ans Ende der Welt!

Erst wenn der Engel sagen wird, die irdische Zeit sei zu Ende, dann werde ich ausruhen.

Das ist ihre Mission: solange noch ein anderer Mensch leidet, will sie nicht ruhen in Gott. Auf Grund dieses Zeugnisses wurde sie von der katholischen Kirche heilig gesprochen.
Und das ist das Geheimnis des vierten Tages. Er führt uns Menschen in den Tod Gottes hinein. Dort, in der Finsternis, erwächst uns eine ungeahnte Freiheit in tiefer Verbundenheit und Solidarität. Der vierte Tag ist ein schmerzhafter Tag. Es beginnt eine neue Phase des Lebens. Wir werden erwachsen, selbstverantwortlich im Glauben. Der Glaube wird vollkommen echt. Es geschieht das, was die Bibel Umkehr nennt. Es gibt nichts Äußerliches mehr, sondern das Leben gestaltet sich jetzt von innen nach außen. Wir glauben nicht mehr an die Liebe, sondern werden selbst Liebe. Wir glauben nicht mehr an Gott, sondern bezeugen Gott. Wir werden, so blasphemisch es klingen mag, selbst Gott.
Gott sah, dass es gut war. Da ward aus Abend und Morgen der vierte Tag. Der Durchbruch des vierten Tages besteht in dem tiefen Prozess der Transformation oder Wandlung von Finsternis ins Licht. Durch das Kreuz der Gottverlassenheit hindurch stehen wir in Gott auf. Wir werden selbst ein Ausdruck des Lichts, ein Orientierungslicht auch für andere. Nun benötigen wir noch Visionen und Träume, um am Wandlungsprozess der Erde und des Himmels Anteil zu haben.

Meine Erfahrung mit dem vierten Schöpfungstag

Ich hatte vor, mit einer Gruppe von Gleichgesinnten in Berlin ein Zentrum für engagierte Spiritualität aufzubauen. Die Mitte dieses Zentrums sollte leer bleiben, weil der vierte Tag uns lehrt, dass kein Gottesbild, kein Bild, das wir uns vom Himmel und der Erde machen, trägt. Gott lässt sich in kein Wort, kein Bild einsperren. Wie soll ich Ewigkeit malen? Gott schafft aus dem Nichtsein, der Leere. Das Zentrum für engagierte Spiritualität sollte Menschen ansprechen, die sich in keiner traditionellen Kirchgemeinde und in keinen traditionellen Bildern und Formen mehr beheimatet fühlen. Das Angebot sollte darin bestehen, spirituelle

Wege nach innen in Verbindung zu bringen mit Wegen nach außen, mit dem Engagement für Frieden und Versöhnung in der Welt. Der interreligiöse Erfahrungsdialog sollte ein Schwerpunkt, ein Aushängeschild dieser Kirche sein. Ich sah es auch als Teil der Versöhnungs- und Wiedergutmachungsaufgabe der Stadt Berlin, von der zwei Weltkriege ausgegangen sind. Die Erfahrungen und das Wissen der verschiedensten Kulturen, Religionen und mystischen Traditionen sollten miteinander ins Gespräch gebracht werden zum Segen für die Stadt und ihre Bewohnerinnen und Bewohner. Nichts davon ließ sich in Berlin umsetzen. Es gab Tage, an denen ich schier verzweifelte und Gottverlassenheit erlebte. Am liebsten wäre ich gestorben. Es gab eine unendliche Einsamkeit in mir. Der Prozess der Auferstehung fand in mir statt, als ich lernte, Berlin und das Projekt loszulassen. Das Zentrum für engagierte Spiritualität ist in mir. Es verwirklicht sich dort, wo ich bin, langsam. Manchmal habe ich den Eindruck, immer wieder am vierten Tag anzukommen. Einsamkeit ist für mich ein wichtiges Thema im Leben. Abraham Heschel sagt, es ist die Einsamkeit in uns, die hört. Die Einsamkeit spornt mich an, weiterzugehen.

Übung

Ich bitte Sie wieder, sich aufrecht hinzusetzen. Wenn möglich, schließen Sie bitte Ihre Augen. Lassen Sie sich von Ihrem Atem in Ihre Mitte führen. Wenn Ihr Atem zur Ruhe gekommen ist, lassen Sie sich Bilder aus Ihrer inneren Quelle schenken.

Was ist meine finsterste Geschichte?
Welche Körpergefühle, Überzeugungen, Ideen haben sich damit verbunden?
Wie erlebe und erlebte ich die Gottesferne?
Ich erlaube dem Licht und den geistigen Kräften, mich zu unterstützen. Ich vertraue dem Neuen, das ich noch nicht kenne, aber möglicherweise erahne.

6 Der fünfte Schöpfungstag

Und Gott sprach: es wimmle das Wasser von lebendigem Getier (LebenAtmende), und Vögel sollen fliegen über die Erde, an der Fläche des Himmels hin.
Und Gott schuf die großen Seeungeheuer, auch alle schwimmenden Lebewesen, von denen die Wasser wimmeln, nach ihrer Art, und alle gefiederten Vögel nach ihrer Art.
Und Gott sah, dass es gut war.
Und Gott segnete sie und sprach: Seid fruchtbar und mehret euch und füllet die Wasser in den Meeren, und Vögel sollen sich mehren auf der Erde.
Und es ward Abend und ward Morgen: der fünfte Tag.

Auslegung

Ab dem fünften Schöpfungstag stehen wir im Zeichen der Auferstehung. Der fünfte und sechste Schöpfungstag werden vom siebten Tag her gekennzeichnet. Von den nun vor uns liegenden Tagen heißt es, dass Gott sie segnete. Der fünfte Tag zeigt Parallelen zum zweiten Tag. In die Unterschiedenheit und Ausdehnung des Himmels des zweiten Tages kommt nun Leben. Unbewusstes kommt ans Licht. Beide Tierarten, Vögel und Fische, symbolisieren Transzendenz. Vögel haben Flügel wie Engel und versinnbildlichen Visionen. Der Fisch ist ein Symbol für den Messias – den Leben Gottes Atmenden. Fische bezeichnen also tiefe Intuition, Weisheit, die aus dem Bereich des Nicht-Wissens erwächst.
Aber nicht nur Fische und Vögel schuf Gott am fünften Tag. Gott schuf auch die großen Seeungeheuer. Sie heißen auf hebräisch *tanninim*. *Tanninim*, das ist der Leviathan oder Satan. *Tanninim* sind gewundene, verschlingende Ungeheuer. Im Buch des Propheten Jeremia wird der König Nebukadnezzar von Babel mit solch einem Ungeheuer gleichgesetzt. Das, was dem Volk durch Nebukadnezzar an Leid widerfahren ist, ist Gott widerfahren:

> *Nebukadnezzar, der König von Babel, hat mich gefressen und weggerafft, mich beiseite gestellt, wie ein leeres Gefäß. Er hat mich*

verschlungen wie ein Drache, er hat seinen Bauch gefüllt mit meinen Kostbarkeiten; er hat mich vertrieben.
(Jeremia 51,34)

Die großen Seeungetüme sind die Repräsentanten des bewegten und gleichsam grollenden Meeres, und deren Zerschmetterung durch Gott beweist, dass ihre Macht begrenzt ist (Jesaja 27,1; 51,9; Psalm 89,11; 74,13; Hiob 26,12; 40,25ff.). Es ist schwer verständlich und kaum nachvollziehbar, warum Gott die *Tanninim*, den Satan, schuf. Jedenfalls verdeutlicht diese Wortwahl im Zusammenhang mit dem fünften Schöpfungstag: Visionen können Illusionen oder Halluzinationen sein. Auch unsere Intuition kann uns täuschen. Wir können der Versuchung erliegen, diese Gaben für unsere egoistischen Ziele zu missbrauchen. Auch die geistigen Wesen stehen nicht alle im Dienste unseres spirituellen Wachsens und Reifens. Selbst Jesus wurde vom Satan mehrfach versucht. Auch die Himmel sind, wie der Verfasser des Hebräerbriefes weiß, Teil der Schöpfung. Der Himmel ist nicht nur der Ort der Gegenwart Gottes. Der Himmel ist auch der Ort gottesfeindlicher Mächte und Gewalten. Deshalb musste Jesus Christus, so der Hebräerbrief, die Himmel durchschreiten und mit seinem Blut reinigen. Christus hat den Vorhang zum Allerheiligsten im Tempel von Jerusalem durchschritten und es für uns geöffnet. Jedem Menschen steht jetzt der freie Zugang zu Gott offen. Sinn dieses Zugangs ist, dass alle Menschen Anteil gewinnen an der Herrlichkeit Gottes. Karfreitag und Himmelfahrt zusammen bilden den großen Versöhnungstag des Christentums, sagt der Hebräerbrief. Er formuliert eine christlich-liturgische Entsprechung zum jüdischen Versöhnungstag, dem Jom Kippur. Der Verfasser hat die Vision, dass Christus, der Hohepriester, allen Geschöpfen und ein für alle Mal Gottes Versöhnung erwirkt hat. In der Menschheitsgeschichte hat es viele Heilsbotschaften und Visionen von Erlösung gegeben. Manche haben das Antlitz unserer Welt positiv verändert, wie die Visionen der großen Religionsstifter. Aber viele Visionen ihrer späteren Anhänger und auch säkulare Visionen haben unsere Welt einem Untergang nahe gebracht. Der Himmel ist der Ort unserer Visionen, aber die Himmel und

die Untiefen unseres Unterbewusstseins sind nicht frei von menschlichen Ideologien und Wahnvorstellungen.
Am fünften Schöpfungstag geht es um Gaben des Himmels und um Weisheiten, die aus der Tiefe der Meere in uns auftauchen. Es geht um das Geschenk von Visionen und von intuitivem messianischen Wissen. Um mit diesen geistigen Gaben umgehen zu können, brauchen wir allerdings die Fähigkeit der Unterscheidung der Geister. Jedem Menschen steht der Himmel offen. Jeder Mensch hat eine Vision. Sie mag eine starke Kraft sein oder nur ein schwacher Impuls. Aber sie ist da. Sie ist unsere Lebensaufgabe, unsere Bestimmung. Sie lebt als Sehnsucht in uns. Unser Leben besteht darin, mit der Vision, mit dem Himmel in uns, immer tiefer, immer umfänglicher ins Einvernehmen zu kommen. *Adam*, das meint „jeder Mensch", lebt im Garten Eden. Aber dann wird der Mensch aus dem Garten Eden vertrieben. Der Sinn der Vertreibung und ihr Ziel ist, dass der Mensch und die Menschheit in sich selbst den Garten Eden erkennt und Garten Eden ist. Träume und Visionen sind Botschaften aus Dimensionen, zu denen wir mit unserem Alltagsbewusstsein keinen Zugang haben. Die Botschaft, die sie vermitteln, ist klar und deutlich. Ihre Aussagen prägen sich uns ein, wir können sie nicht verdrängen oder der Botschaft entkommen, wie die Geschichte vom Propheten Jona zeigt. Jona versuchte, seiner Berufung zu entkommen, aber er wurde zurückgeholt.
Traumbotschaften oder Visionen können unser Leben und unsere Perspektive radikal ändern. Repräsentanten und Repräsentantinnen großartiger Visionen sind Menschen wie Mahatma Gandhi, der die große Vision der Gewaltfreiheit hatte. Für meine eigene Entwicklung war Martin Luther King von besonderer Bedeutung. Sein Engagement in der amerikanischen Bürgerrechtsbewegung, sein Einsatz gegen Rassismus und den Krieg in Vietnam, zogen mich hinein in seine Vision von einer neuen Gesellschaft, in der der Charakter des Menschen, aber nicht seine Hautfarbe zählt. Die Vision der Mutter Theresa, die den Menschen ein Recht auf ein Sterben in Würde zusprach, die Vision von Pia Gyger, die Jerusalem als „Internationale Stadt zum Erlernen des Weltfriedens" deklariert, all das sind Visionen, die eine

enorme Anziehungskraft auf Menschen besitzen. Sie bündeln die Kräfte, die Menschen auf den Weg bringen, sich zu engagieren, das Neue zu gebären und so das Antlitz unserer Welt zu verändern. Albert Einstein hatte eine Vision vom Universum, die unser gesamtes äußeres und inneres Weltbild und unser Bewusstsein veränderte. Es gibt viele großartige Visionen und Visionäre. Alle Propheten und Prophetinnen tragen visionäre Begabungen in sich. Die Visionen der Bibel vom Friedensreich auf Erden sind bis heute lebendig und begründen den jüdischen und den christlichen Glauben. Visionen können nicht willentlich gemacht werden. Aber die Bibel unterweist uns darin.

Der fünfte Tag ist ein ausgesprochen kreativer, gesegneter Tag. Es heißt: *„Es wimmle das Wasser von Leben Atmenden"* und *„Seid fruchtbar und mehret euch"*. Alle Wundergeschichten der Bibel leben aus diesem fünften Schöpfungstag. Visionen lenken den Blick des Menschen weg vom Grab, vom Tod, von der Zerstörung hin ins Leben, in die Auferstehung. Die Wundergeschichten konkretisieren die Vision vom Friedensreich. Alle Tränen werden abgewischt, Schwerter werden zu Pflugscharen, alte Menschen werden Träume träumen. Im Gegensatz zum zweiten Schöpfungstag wird die Vision jetzt ganz konkret. Sie trifft mich in meiner Mitte. Auf einer neuen Ebene muss ich lernen, ja zu sagen zu meiner Berufung. Es ist kein Ideal mehr, das ich verfolge. Es bedarf meines ganzen Einsatzes, mit dem ich einwillige und sage: *Dein Wille geschehe durch mich.* Am fünften Schöpfungstag wird das je eigene Charisma – im Vergleich zum dritten Schöpfungstag – sichtbar. Am dritten Schöpfungstag wurden wir uns unserer Begabungen und Fertigkeiten bewusst. Begabungen sind sozusagen genetisch vererbte Talente aus den, wie es heißt, vergangenen 400 Generationen. Ein Charisma ist etwas anderes, es ist eine Geistgabe. Charismen sind sehr spezifische, einzigartige Gaben, in denen sich unsere Begabungen verdichten und eine Ausstrahlung erfahren. Wir können sie nicht erwerben. Sie werden uns geschenkt. Paulus führt im Brief an die Römer, Kapitel 12, und im 1. Brief an die Korinther, Kapitel 12, als Gnadengaben an: prophetische Rede, den Geist der Weisheit, die Gabe des Heilens, die Gabe, Wunder zu wirken, und die Gabe der Unterscheidung der Geister. Diese Gabe der Unterscheidung der Geister ist von immenser Bedeutung. Es gibt Menschen mit einer großen charismatischen Begabung, die ihre Begabung, wissentlich oder unwissentlich, missbrauchen. Ich denke, alle politischen Ungeheuer des vergangenen Jahrhunderts besaßen charismatische Fähigkeiten und Visionen. Hitler, Stalin und Mao verstanden sich als Welterlöser. Sie nutzten ihr Charisma, um die Macht und die Begabungen vieler Menschen zu bündeln und mit ihnen einen Flächenbrand zu entfachen. Albert Speer, einer der führenden Figuren des Dritten Reiches in Deutschland, beschrieb immer wieder, dass die Deutschen von Hitler wie hypnotisiert waren. Hitler konnte die Leidenschaft, die Kreativität und die intellektuelle Fähigkeit beinahe eines ganzen Volkes an sich und seine Ideologie des rassistischen Antisemitismus binden. Seine Vision zielte aber nicht auf das Leben, sondern auf den Tod, den Holocaust und den Weltkrieg. Seine Vision erwies sich als Halluzination und Perversion alles Heiligen. Im Hinduismus wird ein Dämon beschrieben als Yogi, als Meditationsmeister, der die Kraft der Meditation, seine Geistesgabe, nicht zum Wohl der Menschen, sondern für seine eigenen Interessen oder seinen Wahn einsetzt. Er besitzt die Kraft, die Welt mit einem Flächenbrand zu überziehen. Der fünfte Schöpfungstag macht deutlich, dass wir die Fähigkeit der Unterscheidung der Geister brauchen. Die Unterscheidung der Geister ist das Hauptthema des Kapitels 13 im Korintherbrief:

Wenn ich prophetisch reden könnte und wüsste alle Geheimnisse und hätte alle Erkenntnis und hätte allen Glauben, so dass ich Berge versetzen könnte, und hätte die Liebe nicht, so wäre ich nichts.

Die Liebe wird von Paulus qualifiziert und beschrieben:

sie ist langmütig und freundlich, sie eifert nicht, sie treibt nicht Mutwillen, bläht sich nicht auf, sucht nicht das Ihre, lässt sich nicht erbitten, sie rechnet das Böse nicht zu, sie freut sich an der Wahrheit, erträgt alles, glaubt alles, hofft alles und duldet alles. Die Liebe hört niemals auf, wo doch das prophetische Reden aufhören wird und das Zungenreden aufhören wird und die Erkenntnis aufhören wird.

Liebe ist das einzige Kriterium für die Unterscheidung der Geister. Eine Vision einer erlösten Welt, die eine Menschengruppe oder selbst den Satan von der Erlösung ausschließt, erweist sich als Trugbild und schafft Ungerechtigkeit, Zerstörung und Hass.
Zur Unterscheidung der Geister gehört die Frage nach der Selbst- und Gotteserkenntnis; zur Selbsterkenntnis gehören die Frage nach dem Motiv meines Tuns, der Umgang mit meinen Gedanken, die Gedankenkontrolle. Deshalb hielten es die Wüstenväter für notwendig, dass wir Seelsorger haben; Menschen, die uns helfen im Kampf mit den Dämonen, die sie in Eitelkeit, Stolz, Habgier, Trägheit, Traurigkeit, Zorn, Unzucht und Völlerei sahen. Sie waren gegen eine Unterdrückung der Dämonen. In ihren Augen waren die Versuchungen durchaus positiv, weil nur ein Mensch, der von den Versuchungen geschüttelt wird, kraftvoll wird und wächst. Der Mystiker Kabir macht deutlich, wie schwer es ist, dem eigenen Dämon auf die Spur zu kommen:

… Ich zähme meine sexuellen Bedürfnisse,
und jetzt merke ich, dass ich große Wut habe.
Ich habe die Wut gelassen, und jetzt sehe ich,
dass ich ständig voller Habsucht bin.
Ich habe mit viel Mühe die Habsucht überwunden,
und jetzt schwelle ich vor Stolz auf mich selbst.
Wenn der Geist ganz mit der Welt brechen will,
klammert er sich immer wieder an irgendetwas.

Der Weg der Unterscheidung der Geister führt, nach Ignatius von Loyola, ins eigene Herz. Es ist ein Weg, der verbunden ist mit dem Mysterium Gottes und sich von Gott her auf Gott hin erstreckt. Der Weg der Unterscheidung der Geister ist ein Weg der radikalen Liebe. Unser Bewusstsein hat sich am fünften Tag gegenüber dem zweiten Tag erweitert. Wir wissen um die Weite des Himmels und die Tiefen unserer Seele. Aber es besteht die Gefahr, dass sich unser Sinn noch nicht gewandelt hat. Ob wir

Zerrbilder der Realität produzieren oder ob wir eine friedliche Realität in uns und um uns schaffen, hängt davon ab, ob wir in der Liebe, ob wir selbst Liebe sind.

Und es ward Abend und es ward Morgen: ein fünfter Tag.
Der Durchbruch des fünften Schöpfungstages geschieht, indem ich heilsame Visionen und Träume zulasse: Träume von wieder gut gemachtem Unrecht, Visionen, wo die Ermordeten privater und kollektiver Kriege und Ungerechtigkeiten in uns und unserem Leben auferstehen, sodass alle Leben in Fülle und Freude haben werden. Engel stehen uns zur Seite und Weisheit kommt zur Entfaltung. Aber es bedarf noch, im umfassenden Sinn, der Fähigkeit zur Unterscheidung der Geister. Indem wir immer radikaler ein Ausdruck göttlicher Liebe werden, wachsen wir in den sechsten Schöpfungstag, den Tag der Ebenbildlichkeit von Gott und Mensch hinein.

Meine Erfahrung mit dem fünften Schöpfungstag

Meine Vision ist, dass „Kirche" wieder der Ort wird, an dem Menschen spirituell wachsen und sich gegenseitig in ihren Prozessen unterstützen und korrigieren. Ich leide unter dem Missbrauch von Kirche als Ort von banalen, moralisierenden, die Menschen gleichschaltenden Antworten. Ich leide aber auch, wenn Kirche einseitig dämonisiert und abgewertet wird. In meiner Vision ist Kirche wieder Leib Christi, der Ort von Wandlung und Versöhnung, ein Ort der Liebe Gottes. Das Herz der Kirche ist der Bereich des Nicht-Wissens, des Unverfügbaren und Unbenennbaren. Von ihm gehen eine vertikale und eine horizontale Linie aus. Ich nenne diese beiden Linien die Christuswirklichkeit. Die vertikale Linie stellt mich mit beiden Beinen ins Leben und richtet mich aus auf den Himmel und die Tiefe des Universums. Die horizontale Linie öffnet mich für meine Mitmenschen und die Situationen meines Lebens. In Christus halte ich die Spannungen und Widersprüche meines Lebens aus. Ich zeige Haltung.
Ich träume, dass jede und jeder sich selbst als Kirche versteht, als Herausgerufene (*ekklesia*). Ich träume, als Kirche, von der Christusgeburt in mir und in der Welt. Kirche ist mein Ort des Dialogs,

wo Einheit in Verschiedenheit und Einzigartigkeit möglich wird. Dieser Dialog schließt auch Menschen anderer Religionen und Kulturen ein. Er ist gekennzeichnet vom gegenseitigen Wettstreit, der Liebe und der Gerechtigkeit ein konkretes Gesicht zu geben. In meiner Vision ist Kirche Ort der Heilung, der Kreativität und Vitalität.

Übung

Ich bitte Sie wieder, sich aufrecht hinzusetzen. Wenn möglich, schließen Sie bitte Ihre Augen. Lassen Sie sich von Ihrem Atem in Ihre Mitte führen. Wenn Ihr Atem zur Ruhe gekommen ist, lassen Sie sich Bilder aus Ihrer inneren Quelle schenken.

Ich spüre nach, ob ich mich mit einer Vision verbinden möchte.
Hatte ich selbst schon einmal einen Traum, der oder eine Vision, die mein Leben verändert hat?
Ich bitte um eine Vision oder verbinde mich mit der Vision eines anderen Menschen.

7 Der sechste Schöpfungstag

Da sprach Gott: Es lasse die Erde hervorgehen Leben-Atmende nach ihrer Art: Vieh, Gewürm und Wild der Erde nach seiner Art.
Und so geschah es.
Da machte Gott das Wild der Erde nach seiner Art und das Vieh nach seiner Art und alles Gewürm des Erdbodens nach seiner Art.
Gott sah, dass es gut war.
Da sprach Gott: Wir wollen einen Menschen machen in unserem Ebenbilde, nach unserem Gleichnis, und herrschen sollen sie über die Fische des Meeres und über die Vögel des Himmels und über das Vieh und das Wild der Erde, und über alles Gewürm, das sich auf der Erde regt.
Da schuf Gott den Menschen in seinem Ebenbilde, im Ebenbilde Gottes schuf er ihn:
und schuf sie als Mann (Erinnerer) und Frau (Durchbruch, Quelle).
Und Gott segnete sie und sprach zu ihnen: Seid fruchtbar und mehret euch, und füllet die Erde und macht sie euch untertan, und herrschet über die Fische des Meeres und über die Vögel des Himmels und über das Vieh und alles Getier, das auf Erden kriecht.
Und Gott sprach: Sehet da, ich gebe euch alle Pflanzen, die Samen bringen, zu eurer Speise. Und allen Tieren auf Erden und allen Vögeln des Himmels und allem Gewürm, das auf Erden lebt, habe ich alles grüne Kraut zur Nahrung gegeben.
Und so geschah es.
Und Gott sah alles an, was er gemacht hatte, und siehe, es war sehr gut. Und es ward Abend und es ward Morgen: ein sechster Tag.

Auslegung

Der sechste Tag ist als Auferstehungstag der Partner des dritten Tages. Die Seelenkräfte der Erde bringen nun gemeinsam mit Gott den Menschen hervor, der den Willen Gottes erfüllt, sein Ebenbild ist. Männlich und weiblich, das meint, sowohl in der Tradition stehend als auch erneuernd. Mit dem Menschen als Ebenbild Gottes beginnt das Zeitalter des Friedens und der Gerechtigkeit im Himmel und auf Erden. Die Zahl „sechs" des hebräischen Alphabets, den Buchstaben *„waw"*, kann man mit „Verbindung" übersetzen. Der Kabbalist Friedrich Weinreb schreibt in seinem Buch über Zahlenmystik zur Zahl sechs: *„Jetzt ist der Sinn seines Weges klar und ersichtlich. Es ist der auferstandene Mensch, der Mensch der Schöpfung so wie Gott ihn will, so wie Gott ihn zu sich hinzieht."* Die Zahl sechs zeigt auch der Davidstern. Himmel und Erde, Mann und Frau sind beinahe deckungsgleich und doch in ihrem unterschiedlichen Profil erkennbar. Am sechsten Tag spricht Gott: *„Es lasse die Erde hervorgehen Leben Atmende (*Hebräisch*: nephäsch =* Seele*) nach seiner Art: Vieh, Gewürm und Wild nach seiner Art."* Als dies so geschah, da machte Gott das Vieh, das Gewürm und das Wild, alles nach seiner Art. Es ist ein gleichzeitiger Prozess: die Erde bringt hervor und Gott macht. Der Mensch wird zur Seele der Erde, indem er immer tiefer in die Räume seiner göttlichen Existenz hinabsteigt. Die Tiere stehen für die Seelenkräfte: Fruchtbarkeit (Vieh), Anpassungsfähigkeit (Gewürm), Sanftmut und Freiheit (Wild). Die immer tiefere Verbundenheit von Gott und Mensch, von Erde und Himmel führt zur Ebenbildlichkeit des Menschen und zum Reich Gottes auf Erden.

Wir wollen einen Menschen machen in unserem Ebenbilde.
Nach einer alten Überlieferung bezieht sich dieses wir auf die ganze Schöpfung, auf Himmel und Erde, von den Engeln bis hin zu allen Geschöpfen auf Erden. *„In unserem Bilde"* meint dann: im Bilde der Erde und des Himmels. Der Mensch des sechsten Schöpfungstages ist ein Mensch, den die Erde selbst hervorbringt, der die Weite des Himmels in sich trägt und gleichzeitig aus Gott geschaffen ist. Es ist ein Mensch, wie es, nach unserem christlichen Verständnis, Jesus Christus war. Ein Mensch, von Maria, Symbol der Erde, geboren und gleichzeitig von oben, vom Himmel, aus Gott, geschaffen. Der Mensch wird zur Seele der Erde. In diesem *„wir wollen einen Menschen machen …"* wird erkennbar, dass Gott nicht alleine „macht". Es braucht die Entschiedenheit der Erde, das „Ja" Marias. Dies drückt auch der Evangelist Matthäus im ersten Kapitel seines Evangeliums aus. Die genealogische Aufzählung, *„Abraham zeugte den Isaak …"*, die sich so langatmig liest, will deutlich machen, dass 42 Generationen,

das meint sechs mal sieben Generationen, von gerechten Männern und Frauen in Israel daran mitgewirkt haben, dass der Gott-Mensch, Jesus Christus, zur Welt kommen konnte.
Das hebräische Wort für Ebenbild ist *zäläm* und meint dunkel sein, im Sinne von Nicht-Wissen. Trotz Ebenbildlichkeit kann sich der Mensch des sechsten Schöpfungstages kein Bild machen, weder von Gott noch vom Menschen, weder vom Himmel noch von der Erde. Das hebräische Wort *zälämavät* wird im Deutschen mit Finsternis wiedergeben, wie im Psalm 23, wo es heißt: *„und ob ich schon wandelte im finsteren Tal, fürchte ich kein Unglück; denn du bist bei mir."* Aber dieses Wort *finster* unterscheidet sich von dem Begriff *chäschäch*, der Finsternis des ersten und vierten Schöpfungstages. Die Finsternis, *chäschäch*, bedeutet Verdunklung von Licht und Sonne, Unwissenheit, Elend; sie repräsentiert Gefängnis und das Gericht, den Untergang. Nicht so der Begriff *zäläm*. Er vermittelt Nicht-Wissen: *„und ob ich schon wanderte im Tal des Nicht-Wissens, fürchte ich kein Leid; denn du bist mit mir"*. Die Ebenbildlichkeit bleibt für uns im Dunkeln verborgen, und doch zeigt sie sich im Menschen, in Mann und Frau.

Gott schuf den Menschen in seinem Ebenbilde … und schuf sie als Mann und Frau.
Der Mann, hebräisch *zachar*, meint, wörtlich übersetzt, der Erinnerer. *Zachar* ist der Teil in uns Menschen, der in der Tradition der Gerechten aus allen Völkern, der Propheten und Prophetinnen, der Priester und Priesterinnen, steht. Die Frau, hebräisch *nekeva*, wird übersetzt mit Quelle, Durchbruch, Haupt und Erneuerung. Die weibliche Dimension in uns steht für Erneuerung, für den Durchbruch in eine neue Lebensdimension hinein. Als Ebenbild Gottes stehen wir in einer Tradition und betreten gleichzeitig Neuland. Durch uns geschieht Schöpfung, werden der neue Himmel und die neue Erde geboren. Am sechsten Tag reift der Mensch in die Partnerschaft mit Gott hinein. Wir sind nicht mehr nur Kinder Gottes, sondern sind Braut und Bräutigam Gottes. *„Wie der Bräutigam sich freut über die Braut, so freut sich Gott über dich."* (Jesaja 65,2). Dorothee Sölle schreibt:

Dieser Gott braucht ein Gegenüber. Beziehungsfähigkeit ist diesem Gott, der Einsamkeit zu erfahren vermag und unter ihr leidet, eigentümlich. Liebe braucht die Gegenwart und das Einbeziehen eines anderen Wesens; Liebe kann ohne Gegenüber nicht bestehen. Wer die Schöpfung als ein System der Beziehungslosigkeit auffasst, beraubt sie ihres zentralen Elements, nämlich der Liebe. Daraus ergeben sich einschneidende Konsequenzen: Eine Liebesbeziehung, wie sie zwischen Gott und Mensch am sechsten Tag angestrebt ist, ist nur denkbar als Beziehung einer freien Partnerschaft; es kann sich nicht um ein Verhältnis, das auf Zwangsmechanismen gründet, handeln. Mann und Frau als Ebenbild Gottes sind keine Marionetten, kein Objekt eines fremden Willens, sondern verantwortliches, in Freiheit gesetztes Subjekt. Sie sind Person im eigentlichen Sinn des Wortes.

Ebenbildlichkeit ist ein tiefes Beziehungsgeschehen. In der Ebenbildlichkeit wird der Bund Gottes mit den Menschen sichtbar und erfahrbar, er erweist sich in übereinstimmendem Handeln. Der Apostel Paulus bezeichnet Christus als das Bild Gottes (2. Korinther 4,4; Philipper 2,6; Kolosser 1,15). Das Ebenbild entspricht dem Urbild. Christus ist das Gottesbewusstsein. Paulus fordert auf, dem Bild Christi gleich zu werden. Der Kirchenvater Cyprian greift diese Forderung des Paulus auf und schreibt:

> Wie wir das Bild dessen tragen, der von Lehm ist, so lasst uns auch das Bild dessen tragen, der vom Himmel ist. Dieses Bild trägt die Jungfräulichkeit, trägt die Reinheit, trägt die Heiligkeit und die Wahrheit; dieses Bild tragen alle, die … an der Gerechtigkeit … festhalten … Ihr habt die Herrlichkeit der Auferstehung schon in dieser Welt inne …

Das Bild des Himmlischen zu tragen, enthebt den Menschen nicht aus seiner Existenz als Sterblicher, aber der Tod hat seine Macht über ihn verloren. Dies drückt sich auch im Tod und in der Auferstehung Jesu Christi aus. Das Tragen des Bildes verändert die gegenwärtige Existenz. Wer in dieses Gottesbewusstsein erwacht, der kann „Tote" zum Leben erwecken. Er/sie ist selbst der

Weg, die Wahrheit und das Leben. Diese Ebenbildlichkeit hat Auswirkungen auf die Beziehung von Mann und Frau, von allem mit allem. Es ist ein Beziehungsgeschehen, das Himmel und Erde, Mann und Frau, Juden und Christen, Menschen aller Religionen und Kulturen, das Mensch und Natur, Leben und den Tod umfasst und heilt. Gott und Mensch sind Partner und Partnerin. Pinchas Lapide schreibt:

> Nach jüdischer Auffassung hat Gott die Welt nicht so erschaffen, dass sie notwendig von einem Anfang aus auf ein Ende und Ziel zugeht. Gott hat die Welt unter Bedingung und Risiko geschaffen – in einer radikalen Unsicherheit. Nicht einmal Gott selbst hat die Garantie dafür, dass die Welt Bestand hat, da dies nur dann geschieht, wenn der Mensch etwas von dem Seinen hineinlegt, weil Gott den Menschen braucht, wie die Rabbinen sagen.

Gott braucht die Hingabe des Menschen, weil er sich selbst dem Menschen hingibt. Himmel und Erde sind vollkommen aufeinander angewiesen.

„Und Gott segnete sie und sprach zu ihnen: Seid fruchtbar und mehret euch und füllet die Erde und macht sie euch untertan und herrschet über …"

Die Erschaffung des Menschen als Ebenbild ist nicht die Verleihung einer Substanz, sondern zielt auf die Bestimmung des Menschen hin. Die Bestimmung des Menschen ist, den Willen Gottes zu erfüllen. Seid fruchtbar und mehret euch, das ist nicht im biologischen Sinn gemeint, sondern bedeutet vielmehr: bringt Frucht, bringt Früchte der Liebe. Beide, Mann und Frau, als Ebenbild Gottes, bekommen den Herrschaftsauftrag. Wie ist nun dieser Herrschaftsauftrag zu verstehen? Im Hebräischen ist das Wort für herrschen *rada*. Es meint das Umherziehen eines Hirten mit seiner Herde. Herrschen heißt nicht unterjochen. Regieren meint nicht, usurpieren, mit Gewalt oder rechtswidrig an sich reißen. Christian Bühler macht darauf aufmerksam, dass die Wortwahl *rada* im Hebräischen auf den politischen Bereich einer Königswahl verweist. In Psalm 72, 1–4 heißt es: *Gott, gib dein Gericht*

dem König, dass er dein Volk regiere (rada) mit Gerechtigkeit ... er soll den Elenden im Volk Recht schaffen und den Armen helfen. Rada bezeichnet also das rechte Regieren eines Königs. Es beinhaltet das Bild des Hirten, der seine Herde auf gute Weide führt, der die Tiere gegen alle Gefahren schützt, sie vor Raubtieren verteidigt, die schwachen Tiere seiner Herde vor den starken schützt und dafür sorgt, dass sie alle genügend Wasser und Nahrung finden. Es ist kein Zufall, dass in der Bibel alle Führungspersönlichkeiten auch Hirten waren. Sich die Welt untertan machen (hebräisch: *käkäsch*), meint, dass der Mensch die Erde gangbar macht, denn sie ist der Schemel der Füße Gottes (hebräisch: *käkäsch*). *Es ruft eine Stimme: In der Wüste bereitet dem Herrn den Weg, macht in der Steppe eine ebene Bahn unserm Gott.* (Jesaja 40,3).
Ziel des *Untertan-Machens* ist, dass auf der ganzen Erde Gottes Weg begehbar wird. Der auferstandene Mensch, der Mensch als Partner und Partnerin Gottes, begreift sich immer als Erde und Himmel zugleich. Das, was wir heute als Dualismus, als zwei voneinander getrennte Größen begreifen, ist am sechsten Schöpfungstag überwunden. Deshalb können Begriffe wie *herrschen* und *untertan machen* am sechsten Schöpfungstag anders interpretiert werden , als es noch am dritten Schöpfungstag der Fall gewesen wäre. Der auferstandene Mensch, der Ebenbild Gottes und Partner/Partnerin Gottes ist, handelt in Übereinstimmung mit den Interessen der Erde und des Himmels. In meinem Verständnis geschieht die Ebenbildlichkeit des Menschen erst am sechsten Schöpfungstag. Der Mensch ist Ebenbild Gottes, indem er sich in die Ebenbildlichkeit hinein entfaltet. Er wird, was er ist. Die Erde bringt ihn mit Hilfe Gottes hervor. Er ist ein lebendiger Ausdruck Gottes. Aber er muss durch die fünf Tage hindurch reifen. Die Ebenbildlichkeit ist ein evolutives und spirituelles Geschehen. Die Erde bringt hervor und Gott schafft.

„Und Gott sprach: Sehet da, ich gebe euch alle Pflanzen, die Samen bringen, zu eurer Speise ..."
Der sechste Schöpfungstag bringt gegen Ende noch erstaunlich detaillierte Ausführungen über die Nahrung von Menschen und Tieren. Mensch und Tier werden als Vegetarier gezeichnet. Das

lässt sich einerseits so interpretieren, dass auferstandenes Leben nicht mehr auf dem Töten basieren kann. Andererseits meint es aber auch, dass der Mensch als Ebenbild Gottes Nahrung ist für andere, dass er Grünkraft hat, wie Hildegard von Bingen schreibt. Eine weitere Deutungsmöglichkeit ist, dass sich am sechsten Tag die eschatologischen (endzeitlichen) Schriften der Bibel erfüllen, wie z. B. Jesaja 11,6–9:

> *Da werden die Wölfe bei den Lämmern wohnen und die Panther bei den Böcken lagern. Ein kleiner Knabe wird Kälber und junge Löwen und Mastvieh miteinander treiben. Kühe und Bären werden zusammen weiden, ihre Jungen werden beieinander liegen, und Löwen werden Stroh fressen wie die Rinder. Und ein Säugling wird spielen am Loch der Otter und ein entwöhntes Kind wird seine Hand stecken in die Höhle der Natter. Man wird nirgends Sünde tun noch freveln auf meinem ganzen heiligen Berge; denn das Land wird voll Erkenntnis des Herrn sein, wie Wasser das Meer bedeckt.*

Am sechsten Tag wird die Verheißung eines neuen Himmels und einer neuen Erde Wirklichkeit (Jesaja 65,17–25). Schöpfung entfaltet sich – als Neuschöpfung. Auch die Natur wird befriedet. Gott, Mensch und Natur bilden am sechsten Tag eine Einheit und sind doch unterschieden. Am sechsten Tag wächst der Mensch, im Unterschied zum dritten Tag, in seine neue Macht hinein; in die Macht, die Nahrung ist für die Welt. Sie ist nicht mehr egoistische Macht, sondern dienende Macht, wie sie, nach christlichem Verständnis, Jesus Christus vorgelebt hat. Es ist der Tag, an dem Gottes Wille geschieht. Am sechsten Tag nehmen wir endgültig Abschied von der Illusion, die Welt bestehe aus getrennten, unverbundenen Kräften. Ereignisse beeinflussen sich gegenseitig, und wir erkennen das Muster, nach dem sich Veränderung vollzieht. Wir lernen, das Ganze zu betrachten, und sehen nicht länger nur die einzelnen Teile.

Oh Mensch!
Gehe in den Klang der Vögel,
in das Rauschen der Blätter,

in das Wiegen des Grases! –
Gehe durch den Lärm der Motoren,
das Krachen der Maschinen,
das Klappern der Hufe! –
Alles ist Bewegung,
Lebenshauch MEINER Schöpfung,
die dir geschenkt ist.
Sie ist dir anvertraut,
dir, MEINEM Ebenbild.
(Franz Xaver Jans)

Die Menschheit des sechsten Tages ist gesegnet. Und Gott sah, dass es nicht nur gut, sondern sehr gut war. *Da ward aus Abend und Morgen der sechste Tag*. Der Durchbruch des sechsten Schöpfungstages besteht darin, dass ich ein Ausdruck dessen werde, was ich bin: Ebenbild Gottes. Diese Ebenbildlichkeit schließt meine Freiheit und meine Einzigartigkeit ein. Ich bekomme ein tieferes Bewusstsein für die erlöste Gestalt der Erde und des Himmels. Freiheit und Verbundenheit gehören zusammen wie die zwei Seiten der einen Medaille. Erlösung ist sowohl individuell wie kollektiv. Das eine bedingt das andere. Erlösung geschieht nicht an mir vorbei, sondern durch mich hindurch. Von hier aus steht noch ein weiterer Schritt aus: dass „Gott alles in allem" ist (1. Korinther 15,28c). Gott ist Welt, die Welt ist Gott. Am siebten Tag gibt es keine Differenz mehr zwischen Mensch und Gott. Und doch bleiben Verschiedenheit und Einzigartigkeit ein Ausdruck der Einheit.

Meine Erfahrung mit dem sechsten Schöpfungstag

Es gibt Momente in meinem Leben, in denen mich eine Liebe erfüllt, die alles übersteigt, was ich kenne oder mir auch nur vorstellen kann. Diese Liebe strahlt aus, verändert auch das Gesicht und die Haltung meiner Gesprächspartner und -partnerinnen. Es ist eine Liebe, in die ich mich versenken und aus der ich nie mehr fallen will. Sie ist so umwerfend schön. Es gibt nichts Schöneres auf der Welt. In dieser Liebe erwacht die Welt zum Leben. Es gibt keinen Mangel, kein Hindernis, keinen Tod. In dieser Liebe kann

man verlöschen wie das Licht einer Kerze im Wachs. Für diese Liebe möchte man sein Leben hingeben. Natürlich halten diese Momente der Gegenwart der unaussprechlichen, göttlichen Liebe nicht an. Heute weiß ich, Auferstehung meint, diese Liebe nicht nur zu schmecken, sondern diese Liebe selbst zu sein. Es ist ein Lebensprogramm, wenn ein Leben zur Umsetzung überhaupt ausreicht. Ein Aspekt dieses Lebensprogramms ist für mich, kontinuierlich den eigenen inneren Tod zu sterben, damit die Liebe auferstehen kann. Der Theologe Dietrich Bonhoeffer hat die Unterscheidung getroffen zwischen dem Tod von innen, der uns selbst gehört, und dem Tod von außen. Er schrieb zu Beginn des Zweiten Weltkrieges: dass uns der Tod von außen erst antrifft, wenn wir durch diesen eigenen Tod für ihn bereit gemacht sind, das darf unser Gebet sein; dann ist unser Tod wirklich nur der Durchgang zur vollendeten Liebe Gottes.
Um den inneren Tod sterben zu können, meditiere ich. Die Zen-Meditation und Kontemplation sind, vor allem auch in ihrer Verbindung, wie sie in der Lassalle-Kontemplationslinie *Via Integralis* gelehrt werden, für mich wunderbare Wege, um mich zu versenken und das zu werden, was ich bin – was jeder Mensch im Tiefsten ist: Liebe. Es ist wichtig, dass wir Menschen uns gegenseitig auf dem Weg der Auferstehung in die Ebenbildlichkeit begleiten und unterstützen. Wir brauchen dafür all unsere Kräfte. Kirche sollte für Christen und Christinnen, und das ist mein größter Wunsch, der Raum sein, in dem wir uns miteinander einüben, austauschen, uns fördern und herausfordern. Liebe will konkret und sichtbar werden. In der Bibel heißt es, *an ihren Früchten werdet ihr sie erkennen*. Der interreligiöse Dialog will uns als Vertreter und Vertreterinnen verschiedener Religionen dazu animieren, uns gegenseitig zu ergänzen und uns je neu herauszufordern, zu lieben.

Übung

Ich bitte Sie wieder, sich aufrecht hinzusetzen. Wenn möglich, schließen Sie bitte Ihre Augen. Lassen Sie sich von Ihrem Atem in Ihre Mitte führen. Wenn Ihr Atem zur Ruhe gekommen ist, lassen Sie sich Bilder aus Ihrer inneren Quelle schenken.

Wer bin ich?
Die Erde bringt hervor und Gott schafft – in mir. Wie fühlt sich das an?
Ich lasse mir ein Bild aus der Zukunft schenken: ich bin Partner/ Partnerin Gottes.
Ich bin Gottes Ebenbild.
Wofür schlägt mein Herz?

8 Der siebte Schöpfungstag

So wurden vollendet die Himmel und die Erde mit ihrem ganzen Heer.
Und so vollendete Gott am siebten Tag seine Werke, die er gemacht hatte, und ruhte am siebten Tag von all seinen Werken, die er gemacht hatte.
Und Gott segnete den siebten Tag.
Und heiligte ihn, weil er an ihm ruhte von all seinen Werken, die Gott geschaffen und gemacht hatte.

Auslegung

Der siebte Schöpfungstag ist der Tag der Vollkommenheit und Ganzheit. Gott und Mensch, Himmel und Erde sind eins. Alles Geschaffene und Gott ruhen. Ruhe ist mehr als Frieden. Ruhen meint, es gibt nichts mehr, das trennt. Das Wort vollenden heißt im Hebräischen *kallal* und beinhaltet, etwas ganz, vollkommen machen. *Kol* ist das Ganze, das Universum. Am siebten Schöpfungstag wurde durch die Partnerschaft von Mensch und Mensch, Mensch und Gott, Natur und Mensch die Schöpfung von Himmel und Erde vollendet, vollkommen gemacht. Der Ort der Vollkommenheit ist unser Körper. Drei Begriffe kennzeichnen diesen Tag: *Gott ruht, Gott segnet und Gott heiligt den siebten Tag*. Sieben ist die Zahl der Vollkommenheit. Sie schließt etwas ab und eröffnet etwas Neues. Der siebte Tag vollendet die Auferstehung des Menschen in Gott. Der siebte Tag hat keinen Partner, weil jeder Mann Partner, jede Frau Partnerin ist. Die Unterschiede zwischen Gott und Mensch sind aufgehoben. Einheit, im wahrsten Sinn des Wortes, ist entstanden. Diese Einheit beinhaltet zugleich Verschiedenheit und Einzigartigkeit. Vollkommenheit drückt sich gerade in dieser Verschiedenheit und Einzigartigkeit aus. Gott wünscht sich den Menschen als ganzes, vollkommenes Wesen. Zu Abraham sagte er: *„Wandle vor mir und sei ganz, vollständig, vollendet.“* (1. Mose 17,1). Im 3. Buch Mose sagt Gott zu Mose: *„Rede mit der ganzen Gemeinde der Israeliten und sprich zu ihnen: Ihr sollt heilig sein, denn ich bin heilig, der Herr, euer Gott.“* Das Wort *heilig* ist hier im Sinne von vollkommen gebraucht. Mat-

thäus überliefert uns Jesu Aufforderung: *„Darum sollt ihr vollkommen sein, (gleich) wie euer Vater im Himmel vollkommen ist."* (Matthäus 5,48).
Sabbat, *ruhen*, heißt, *im Inneren Gottes leben*. Der Talmud sagt, am siebten Tag ist das Paradies in uns eingepflanzt. Sabbat heißt auch *zurückkehren, heimkehren*. All das Zerstreute, alles, was sich vorher im Leben verloren und abgespalten hat, kehrt nun heim. In der jüdischen Liturgie wird am Sabbat der Psalm 126 gebetet:

> *Als der Ewige zurückführte die Weggeführten Zion's, waren wir gleich Träumenden. Dann füllt mit Lachen sich unser Mund und unsere Zunge mit Jubel. Dann spricht man unter den Völkern, der Ewige hat Großes an diesen getan. Großes hat der Ewige an uns getan, wir waren erfreuet. Führe zurück, o Ewiger, unsere Weggeführten, wie Quellen im Mittaglande. Die mit Tränen säen, werden mit Jubel ernten. Weinend gehen sie hin, streuen ihren Samen und kehren heim mit Jubel, tragend ihre Garben.*

Gott heiligte den siebten Tag.
Heiligen, hebräisch *kadosh*, meint, etwas aus dem Gleichklang der Zeit herausheben, herausstellen, anverloben. Heiligen heißt also, dass am Sabbat Gott und Mensch, Menschen einander, Gott und Israel, Gott und die Kirche, Gott und die Schöpfung sich anverloben. Sie sind ein Leib. Jeder Mensch, alles Leben ist eine Zelle dieses Leibes. Die Zellen dieses Leibes wirken zusammen, sind synergetisch, aufeinander bezogen, und doch als Individuum ansprechbar. Im Buch des Propheten Ezechiel wird dieses Ereignis im 16. Kapitel in Sprache gefasst:

> *Ich ging an dir vorüber und sah dich an, und siehe, es war die Zeit, um dich zu werben. Da breitete ich meinen Mantel über dich und bedeckte deine Blöße. Und ich schwor dir's und schloss mit dir einen Bund, spricht Gott der Herr, dass du solltest mein sein. Und ich badete dich im Wasser und wusch dich von deinem Blute und salbte dich mit Öl und kleidete dich mit bunten Kleidern und zog dir Schuhe von feinem Leder an. Ich gab dir einen Kopfbund aus kostbarer Leinwand und hüllte dich in seidene Schleier und schmückte dich mit Kleinoden und legte dir Spangen an deine*

Arme und eine Kette um deinen Hals und gab dir einen Ring an deine Nase und Ohrringe an deine Ohren und eine schöne Krone auf dein Haupt. So warst du geschmückt mit Gold und Silber und gekleidet mit kostbarer Leinwand, Seide und bunten Kleidern. Du aßest feinstes Mehl, Honig und Öl und wurdest überaus schön und kamst zu königlichen Ehren. Und dein Ruhm erscholl unter den Völkern deiner Schönheit wegen, die vollkommen war durch den Schmuck, den ich dir angelegt hatte, spricht Gott der Herr.
(Ezechiel 16,8–14)

In der Hochzeit von Gott und Mensch kommt alles zur Ruhe. Jeder, jede ist Israel, ist Christus, ist Messias, ist Braut, ist Bräutigam, ist gesalbt. Das ist Sabbat. Die Heilung ist vollkommen. Die Schöpfung endet quasi mit der Heiligen Hochzeit, mit dem ewigen Bund von Gott und Mensch. Im Hohen Lied der Liebe wird der Gesang der Liebe zu Gott zu einem Lied von Gegenseitigkeit, voller Leidenschaft und Heimweh.

Lege mich wie ein Siegel auf dein Herz,
wie ein Siegel auf deinen Arm;
denn Liebe ist stark wie der Tod,
Eifersucht ist grausam wie das Grab:
Ihre Kohlen sind feurig,
eine sehr gewaltige Flamme.
Große Wasser können die Liebe nicht löschen,
Fluten sie nicht ertränken.
(Hohes Lied 8,6 f.)

„Das Kohlebecken, auf dem die Liebe brennt, ist die Ewigkeit selbst, die weder Anfang noch Ende hat", schreibt der islamische Mystiker Nizami. Liebe ist alles in allem. Wasser können ihrem Feuer nichts anhaben. Die Liebe verbrennt alles ihr nicht Gemäße. Dort, wo es keine Trennung mehr gibt zwischen Gott und Mensch, zwischen Himmel und Erde, da ist nichts mehr, was der Mensch noch wollen, wünschen, begehren könnte. Da gibt es nur noch die Einheit in Verschiedenheit und Einzigartigkeit, die in sich ruht. Unser ganzes Leben ist eine Pilgerfahrt zum Sabbat. Sabbat ist Symbol des Ewigen Bundes (Exodus 31,17). Sabbat ist ein Name Gottes. Sabbat ist das messianische Zeitalter. Das meint, es ist das Zeitalter: der sozialen Gerechtigkeit, des materiellen Überflusses, der Eintracht zwischen Mensch und Tier, des langen Lebens, der Glückseligkeit, der Ruhe und des Friedens, der Harmonie. Sabbat ist ein Bild der zukünftigen Welt, einer Welt, die kommt und doch schon in uns angelegt ist als Potenz, als Möglichkeit. Schöpfung ist Körperzeit, ist Lebenszeit. In jedem einzelnen Mann, in jeder einzelnen Frau sind Himmel und Erde, Zeit und Ewigkeit vorhanden. Die Herausforderung, die das Leben an uns stellt, ist, innerhalb unserer Körperzeit die sieben Tage der Schöpfung zu durchschreiten. Unser Lebensziel und Lebenssinn ist die Einheit, die Hochzeit von Gott und Mensch, von Erde und Himmel. Indem das Judentum wöchentlich Sabbat feiert, holt es die erwartete Zukunft in die Gegenwart hinein. Es bereitet auf diese Weise den Weg zum Ziel, das als Möglichkeit in uns ruht. Sabbatruhe meint also nicht, einen Tag frei zu machen, um sich für die Arbeit zu erholen, Sabbat heißt vielmehr, an einem Tag der Woche in die Ruhe Gottes einzukehren, sich Gott anzuverloben. Das Christentum hat vom Judentum viel zu lernen, unter anderem, die Bedeutung des Sabbats zu verstehen. Ich möchte deshalb Abraham Joshua Heschel das Wort geben, der ein tiefes Verständnis für den Sabbat in seinem gleichnamigen Buch formuliert hat:

Arbeit ist eine Fertigkeit, vollkommene Ruhe aber ist eine Kunst. Sie ist das Ergebnis eines Einklangs von Körper, Geist und Fantasie. Um einen Grad an Vollkommenheit in der Kunst zu erreichen, muss man sich ihrer Ordnung unterwerfen, muss man der Trägheit abschwören. Der siebte Tag ist ein Palast in der Zeit, den wir bauen. Er besteht aus Einfühlsamkeit, Ausdruck der Freude und des Suchens nach Ruhe. In seinem Bereich erinnert eine feste Ordnung an die Nähe zur Ewigkeit. Es ist zwar wichtig, dass der Glanz des Tages in Begriffen der Enthaltung seinen Ausdruck findet … (denn) wir können nur sagen, was Er (Gott) nicht ist. Wir spüren oft, wie armselig der Bau wäre, wenn er ausschließlich aus unsern Riten und Taten gebaut würde, die so ungeschickt und oft so aufdringlich sind. Wie sonst könnte man

Herrlichkeit angesichts des Ewigen ausdrücken, als durch die Stille der Enthaltung von lärmendem Tun? Diese Enthaltung singt Lieder für jene, die wissen, wie man im Palast einer Königin weilt. Es gibt ein selten gebrauchtes Wort, ein Wort für ein Gefühl, das fast zu tief ist, um ausgedrückt zu werden: Sabbatliebe.

Meine Erfahrung mit dem siebten Schöpfungstag

Es sind wenige Augenblicke in meinem Leben, in denen sich Ewigkeit und Gegenwart in mir vereinten.

Übung

Setzen Sie sich aufrecht hin, Ihre Augen ruhen leicht geöffnet vor Ihnen auf dem Boden. Zentrieren Sie sich in ihrem Atem und ruhen Sie in Gott.
Oder: feiern Sie Shabbat in einer jüdischen Familie.

9 So wird, was von Anfang an ist

So sind Himmel und Erde geworden, als sie geschaffen wurden. Die Schöpfungsgeschichte beginnt mit den Worten: „Am Anfang schuf Gott Himmel und Erde", und endet mit den Worten „so sind Himmel und Erde geworden, als sie geschaffen wurden". Schöpfung vollendet sich in uns immer wieder als Neuschöpfung, als Auferstehung von den Toten. Alle Beteiligten im Himmel und auf Erden vollenden die Schöpfung. Liebe, die sich im Wort ausgesprochen und Gestalt angenommen hat, kehrt als Liebe zum Ursprung der Liebe zurück. Gott ist am Ende des Schöpfungsprozesses *alles in allem* (1. Korinther 15, 28c). Jeder Tag hat uns mehr hineingeführt in die Einheit, Verschiedenheit und Einzigartigkeit allen Lebens. Alles ist mit allem verbunden. Es gibt keine Welt außerhalb von uns. Alles ist Teil unserer Körperzeit. Wir tragen die Erde und den Himmel in uns. Wir tragen die Zeit und die Ewigkeit in uns. Wir sind Bewegung und Ruhe. Wir entwickeln uns von unserer Ent-Bindung während dieser sieben Tage in die tiefste Form der Verbundenheit hinein; in die Hochzeit von Gott und Mensch, von Himmel und Erde, von Ewigkeit und Zeit. *„Wir sind Auferstandene vor unserer Geburt"*, wie Rose Ausländer sagt. Wir werden, was wir sind: Ebenbild Gottes. Liebe übersteigt Leben und Tod.

10 Ausblick

Schöpfung ist ein Auferstehungsgeschehen, das die Gottesgeburt und die Heilige Hochzeit in uns zum Ausdruck bringen will und bringt. Seit dem Pfingstereignis haben wir Christinnen und Christen die Aufgabe, Christus in uns Gestalt werden zu lassen. Vereinzelt haben heute Männer wie Frauen innere Bilder und Träume, Gottesgebärer und Gottesgebärerinnen zu sein. Es ist schon erstaunlich, dass in dieser christentumskritischen Zeit wieder Menschen mit diesen Urbildern der jüdisch-christlichen Tradition konfrontiert werden. Ich wünsche mir, dass die biblischen Texte wieder neu zu uns sprechen, dass wir lernen, unsere eigene Tradition wieder wertzuschätzen und sie zu aktualisieren. Die Mystik, das Verkosten und Schmecken der Texte von innen her, ist dabei eine große Hilfe. Ich hoffe, dass ich mit meiner Auslegung der Schöpfungsgeschichte den Blick auf den biblischen Text weiten und damit den Blick auf das je eigene Leben vertiefen kann. Lebensgeschichte ist Schöpfungsgeschichte. Ich vertraue darauf, dass wir miteinander das werden, was wir sind: Ebenbild Gottes. Und ich danke allen, die mit mir auf dem Weg sind.

Literatur

Bô Yin Râ, Das Buch vom Jenseits, München [7]1990.

Niklaus Brantschen, Vom Vorteil gut zu sein, Mehr Tugend – weniger Moral, München 2005.

Christian Bühler, Die Bibel macht Schule, Erev-Rav-Hefte, Biblische Erkundungen Nr. 3, Wittingen 1996.

Ernesto Cardenal, Das Buch von der Liebe, Gütersloh [3]1993.

Bernhard Dolna, An die Gegenwart Gottes preisgegeben, Abraham Joshua Heschel Leben und Werk, Mainz 2001.

Jürgen Ebach, Ursprung und Ziel – Erinnerte Hoffnung und erhoffte Vergangenheit, Biblische Reflexionen. Neukirchen-Vluyn 1986.

Christian Feldmann, Thérèse von Lisieux, Die schwarze Nacht des Glaubens, Freiburg im Breisgau 1997.

Ursula Früchtel, Mit der Bibel Symbole entdecken, Göttingen 1991.

Pia Gyger, Maria Tochter der Erde Königin des Alls, Vision der neuen Schöpfung, München 2002.

Abraham Heschel, Gott sucht den Menschen, Eine Philosophie des Judentums, Neukirchen-Vluyn [3]1992.

Benno Jakob, Das Buch Genesis, Hrsg. in Zusammenarbeit mit dem Leo-Baeck-Institut, Stuttgart 2000 (Nachdruck der Orig.Ausg. Berlin 1934).

Claudia Janssen, Anders ist die Schönheit der Körper, Paulus und die Auferstehung in 1 Kor 15, Gütersloh 2005.

Alexandre Safran, Die Weisheit der Kabbala, Bern 1988.

Luzia Sutter Rehmann, Vom Mut genau hinzusehen, Feministisch-befreiungstheologische Interpretationen zur Apokalyptik, Luzern 1998.

Friedrich Weinreb, Buchstaben des Lebens, Freiburg im Breisgau 1979.

Erev-Rav

ist ein Netzwerk europäischer Christen und Christinnen, die an einem gemeinsamen Gespräch über die Bedeutung der Bibel interessiert sind.

Der Name Erev-Rav geht zurück auf die hebräische Bibel. Er bezeichnet das „zahlreiche Menschengewimmel" nichtjüdischer Herkunft, das mit Israel aus der Unterdrückung zieht (Exodus 12,38). Der Name will diesen Aufbruch und die für die Kirche notwendige Weggemeinschaft mit dem jüdischen Volk in Erinnerung rufen. Er verweist auf eine Befreiungstheologie im Kontext Europas als Zielsetzung der Arbeit.

Neben der Herausgabe von Büchern führt der Verein internationale Bibelwochen durch. Er hat einen Frauenförderungsfonds und organisiert zwei Lehrhäuser.

Weitere Informationen unter:
Erev-Rav · Tel. & Fax 0581-77 666
www.erev-rav.de / erev-rav@t-online.de

Die **Junge Kirche**

- ✦ ist eine der ältesten theologischen Zeitschriften Deutschlands, in der Tradition der Bekennenden Kirche
- ✦ weiß sich der ökumenischen Losung „Gerechtigkeit, Frieden und Bewahrung der Schöpfung" verpflichtet
- ✦ ist dem christlich-jüdischen Gespräch und der feministischen Theologie verbunden
- ✦ erscheint vierteljährlich unter dem Dach von „Erev-Rav, Verein für biblische und politische Bildung e.V."

Ein Jahresabonnement der Jungen Kirche kostet 26 Euro.
Wir schicken Ihnen gerne ein Probeexemplar zu.

Erev-Rav
verlag@jungekirche.de · www.jungekirche.de